信念を貫き、粋な人生を歩め

ビートたけしの言葉

桑原晃弥

信念を貫き、粋な人生を歩め

漫才を見て、「面白いなあ」「うまいなあ」と思ったコンビはたくさんいますが、「何だ、これ」という驚きを初めて感じさせてくれたのがツービート（ビートたけしとビートきよしのコンビ）でした。今から40年以上前の1980年、フジテレビの「THE MANZAI」には何組もの漫才コンビが登場、大変な人気を博していましたが、その中でもツービートの漫才はそれまでの漫才のイメージを覆す破壊力を持っていました。

そのスタイルはビートたけしが猛烈なスピードでしゃべり、合間にビートきよしがささやかにツッコミを入れるというものでしたが、加えてビートたけしの「赤信号みんなで渡れば怖くない」に代表される毒のある言葉が若者を中心に支持され、ツービートの人気は爆発することになります。

以来、ビートたけしは『ツービートのわっ毒ガスだ』という本が大ヒット、ラジオの『オールナイト・ニッポン』でも圧倒的な支持を受けたほか、ザ・ドリフターズの『全員集合』に対抗するためにつくられた、フジテレビの『オレたちひょうきん族』のたけちゃんマンなどでお茶の間の人気者としての地位を確立することになります。

その後、ビートたけしは『風雲たけし城』や『ビートたけしの元気が出るテレビ』『平成教育委員会』などの番組も企画、高視聴率を叩き出しますが、これらの番組はその後のバラエティ番組の流れを決めたとも言われるほどの影響をもたらしています。さらに俳優としても活躍、映画監督としても1989年の監督デビュー作の『その男、凶暴につき』以降、19本もの映画を世に送り出し、映画監督・北野武としても高い評価を得ています。

まさに「才人」としか言いようがありませんが、そんな自分の人生を振り返って、「芸人や漫才師が『やりたかった仕事』だったわけじゃない」と話しているのには驚かされます。東京の下町で生まれたたけしは自伝小説やテレビドラマでもよく知られているように、父親が酒好きのペンキ職人で家は貧しいものの、家計を内職で支える母親は驚くほど教育熱心という家庭で育っています。

今の時代、「親ガチャ」という言葉が使われ、自分が生まれた環境や親の職業や年収などをやたらと気にする風潮がありますが、たけしの子ども時代はまだ日本全体が貧しかったこともあり、たけし自身はペンキ屋という親の職業に多少の恥ずかしさを感じながらも、「貧乏がどうした」という思いを持ちながら野球に興じ、それなりに勉強もして明治大学の工学部に進んでいます。

そんなたけしの最初の夢は野球選手になることでしたが、身体が小さいこともあり諦《あきら》めています。次にノーベル賞をとれるような学者を目指して大学に進みますが、時代は学園紛争の吹き荒れる最中であり、学校に行かず、アルバイトなどに明け暮れるうちに、卒業を間近に控えながら中退という決断をしています。たけしによると、これは「落ちこぼれた」わけではなく、自分の意志で社会からはみ出る「ドロップアウト」でした。

とはいえ、野球選手と科学者という2つの夢を諦めた先にあったのがお笑い芸人でした。この時、たけしが考えていたのは「浅草なら自分の方が上に行ける」ということですが、そんなたけしを成長させてくれたのが師匠の深見千三郎と、下積み時代に続けていた大量の読書とネタづくりでした。ネタは人がつくったものを買うコンビが多かった時代、たけしは自分でネタづくりに励んでいます。人は成功者を見る時、どうしても華やかな部分にばかり目が行きがちですが、本当に見るべきは成功に至るまでの過程であり努力です。

その意味ではたけしの成功は下積み時代の努力によってもたらされたものですし、その後の成功も漫才ブームの中にあって、「次に何をすべきか」を考え続けた結果です。俳優や映画監督としての成功もあえてお笑い芸人のビートたけしとは真逆にある役を演じるといった自己プロデュースの結果と言えます。

人生は選択の連続であると言われますが、大切なのはその選択が正しかったがどうかよりも、自分の選択を「選んで良かった」と言えるものにするためにどれだけ考え努力するかです。それさえできれば、たけしのように大きな事件や事故でさえ、あとになってみると次の成功への糧《かて》とすることもできるのです。

人生はままならないものですが、だからこそ若き日のたけしがそうであったように「どう生きるか、どんな選択をするか」を考え、懸命に生きることが大切なのではないでしょうか。

本書の執筆と出版には、リベラル社の伊藤光恵氏、仲野進氏、安永敏史氏にご尽力いただきました。感謝申し上げます。

桑原　晃弥

第一章 芸人としての生き方

第二章 人としてどう生きるか

第三章 師匠と弟子

第四章 テレビとインターネット

第五章　人間関係の築き方

第六章　親のあり方、子のあり方

第七章 お金との向き合い方

第八章 老いるとは

WORDS OF TAKESHI BEAT

第一章

芸人としての生き方

WORDS OF TAKESHI BEAT 01

ぬるま湯にどっぷりつかるな

浅草で生活している芸人ではあるけれど、ここを出て行こうという姿勢は、ぜんぜん違ってたんじゃないかな。

▼『真説「たけし！」オレの毒ガス半生記』

ビートたけしは1972年、浅草でお笑い芸人としてのキャリアを始めていますが、浅草という街は、芸人にとって居心地はいいが、「危険」な街でもあったといいます。当時の浅草は以前ほどの賑《にぎ》わいはないものの、まだその名残《なごり》があり、飲み屋のオヤジさんたちは、芸人が来ればただで飲ませてくれたり、他の客がお酒をご馳走してくれたりと、お金がなくてもそれなりに暮らせる場所でした。

そのため、「芸人にとっては、ユートピアなんだけど、墓場に近い」とたけしは評しています。それは、芸人であっても、売れなくてもいいという空気があり、テレビに出たいけれども、出られなくてもいいやという感じの人が多かったからだといいます。そんな浅草の生活をたけしは楽しんではいましたが、それはあくまでも「生活」についてであり、芸については他の芸人と同じようなネタは絶対にやらないという矜持《きょうじ》を持っていました。「浅草で生活している芸人ではあるけれど、ここを出て行こう」が、たけしの思いでした。たけしは「もし自分が、あのまま浅草にとどまっていたら」という気持ちを常に持っているといいますが、「浅草を出て行こう」という強い思いが、たけしをトップへと押し上げたのです。

WORDS OF TAKESHI BEAT 02

四六時中考えているから ひらめきが降ってくる

何をしているときでも、
半分では漫才のことを考えていた。

▼『全思考』

ビートたけしによると、漫才は落語などと違って、同じネタを何度もやるという芸ではありません。漫才ブームのとき、※1ツービートと同じように売れた漫才コンビの中には、ネタを考える時間もなかったのか、同じネタを何度もやったり、※2楽屋ネタを使ったりすることもありましたが、たけしは「常に新しいネタをつくり、演じ続けたことで、最終的にトップに立つことができた」と話しています。ブームで大変な忙しさの中、なぜそんなことができたのでしょうか。

売れない頃から、漫才のネタを「それこそ寝ている間も考えていた」と言うように、お酒を飲んでいるときもネタを思いつくと、飲みながらでもメモをとっていました。それは女の人と遊んでいるときも同様で、

「常に漫才のネタを考えていた。明日の新ネタを思いつくと書かずにはいられなかった」

と言いますから、相当なものです。

周りからは「よくできるね」と不思議がられましたが、たけしにとってネタを考えることは、仕事ではなく、楽しいことであり、だからこそ夢中で続けることができたのです。

※1ツービート…ビートたけしとビートきよしによる漫才コンビで、1972年に結成。80年代の漫才ブームを牽引した。
※2楽屋ネタ…芸人が他の芸人などを話題にしたネタのこと。

WORDS OF TAKESHI BEAT 03

「お客のせい」より「自分のせい」にしろ

ウケないのは、自分のせいでしかない。
あれはかなり辛《つら》かった。
辛かったからこそ、努力もしたし、
必死にもなった。

▼『全思考』

ビートたけしのお笑い芸人としてのスタートは、フランス座という浅草のストリップ劇場です。フランス座からは、渥美清や由利徹、東八郎やコント55号といった錚々《そうそう》たる俳優や芸人が出ていますが、お笑いを見に来ているお客などめったにいない舞台で鍛えられたからこそ、すごい人たちが誕生したと、ある種、伝説のように言われています。

当初、たけしもそう思っていましたが、あれは間違いだと後に気づくようになります。お笑い芸人というのは、客の目的が何であれ、やはり笑わせようとするもので、一歩間違えると、とにかく客を驚かせるような「テキヤ芸」になる恐れがあります。また、たとえウケなくても、「どうせ女の裸を見に来た客と、酔っ払いしかいない」と「客のせい」にして、自分に言い訳をしてしまうこともあるといいます。

一方、たけしは、わざわざお金を払ってお笑いを見に来るお客にウケないと、「自分のせいだけに、かなり辛い」と言います。客は、笑うことを目的に来ています。にもかかわらず、笑いが起きないときは、悲惨だし、心の底から落ち込むし、焦《あせ》るというのです。そして、その辛さや焦りこそが、たけしの必死の努力につながったのです。

WORDS OF TAKESHI BEAT 04

勝ちたかったら「しょうがない」で済ませるな

芸人になったらなったで、今度は「しょうがねえなあ」では済まされない世界。そこで、「負けてもしょうがない」とは思わなかった。

▼『バカ論』

ビートたけしは、子どもの頃から「しょうがねえなあ」と言いながら生きてきました。ペンキ屋の貧しい家に生まれたことは、自分の力ではどうにもならない以上、「しょうがねえなあ」と思うしかありませんでした。

また、野球が大好きで、長嶋茂雄に憧《あこが》れたものの、小柄な体ではどうにもならず、では勉強でトップを取れるかというと、勉強している兄に「電気代がもったいない」と言う父親では、これもまた「しょうがねえなあ」でした。

そんな「しょうがねえなあ」で生きてきたたけしが変わったのは、芸人になり、漫才ブームの真っただ中に身を置いてからです。「THE MANZAI」の最初の頃は、関西の芸人に太刀打ちできませんでしたが、「負けてもしょうがない」と思うことはありませんでした。標準語から生まれた足立区の少し荒い言葉に変え、話しのテンポを上げたことで漫才のリズムが良くなったうえ、同じネタを繰り返す関西のライバルに対し、毎回新ネタをつくって対抗したことで逆転勝利したのです。

「しょうがねえなあ」で終わらせたくないことに、人生で初めて出会ったことがたけしを変え、そして今があるのです。

WORDS OF TAKESHI BEAT 05

「他人にウケたい」からこそ努力できる

カネや名誉なんて後からついてきたもので、まずは「ウケたい」「評価されたい」って感情があったわけだ。

▼『「さみしさ」の研究』

「金目当てで起業して、成功した奴は見たことがない」は、アップル社の創業者、スティーブ・ジョブスの言葉ですが、ビートたけしもお金や名誉以前に、「ウケたい」「評価されたい」という感情が強かったと話しています。

その感情は、売れたからといって消えることはなく、有名になってからもお客の前で「ビートたけし　ほぼ単独ライブ」や、立川梅春《たてかわばいしゅん》という名前で高座に上がり、落語を披露することをやめません。

たけしによると、こうした笑いのネタを考えたり、小説を書いたり、絵を描くという行為は孤独な作業であり、誰にも助けてもらえませんが、それでもこだわり続ける理由は、「他人にウケたい」という気持ちがあるからです。

「他人から認められたい」という承認欲求こそが、孤独な作業に耐えさせてくれるし、「ウケた」ときの嬉しさは、何事にも代えがたい快感なのです。お金や名誉はその付属物にすぎません。

人が何かを成し遂げるうえで大切なのは、お金よりも他人に評価されたい、喜ばれたいという強い情熱や承認欲求です。それを抜きにした単なる「いいね」稼ぎや、「金目当ての行為」からは、すごいものが生まれることは決してないのです。

WORDS OF TAKESHI BEAT 06

売れたことで満足せず、その次を大切にしろ

最初はいい。出だしはいいんだ。
でも大事なのは、その後。

▼『バカ論』

ビートたけしによると、お笑いの世界で売れるためにはセンスが必要で、「センスがない奴は、今も昔もやっぱり売れない」と言います。ただし、いくらセンスがあっても、「最初のきっかけ」がないと売れることはありません。そして、そのきっかけに関しては、「とにかく、どんな形で出てきてもいい」と話しています。理由は、「世間に顔を覚えてもらわないと始まらない」からです。

しかし、たけしが重視しているのは「その後」です。たけしによると、それまで漫才をやっていた人が急に裸になったり、おかしな格好をしたりすれば、最初はウケるかもしれませんが、それは単なる物珍しさに過ぎません。きっかけは学園祭や宴会芸の延長のような芸であっても、それを超えるネタをつくり続けることができれば長続きしますが、つくれなければ消えてしまいます。

漫才ブームのとき、ツービートと同じように人気者になったものの、そこから伸び悩んだ人たちは、「売れたことに満足」して、新しいネタをつくろうとしなかったからだといいます。売れるとか、最初のヒットを出すのはどの世界でも大変なことですが、本当の実力が問われるのは「その次」なのです。

WORDS OF TAKESHI BEAT

07

「他人を食う」ことを恐れるな

生きることは、殺すことなのだ。

▼『全思考』

イノベーションには、それまで人々が当たり前に使っていたものなどを一気に「過去の遺物」に変えてしまう力があります。自動車が普及し、それまで人の足がわりに重宝されていた馬車は過去の遺物になり、スマホが普及して、携帯電話も過去の遺物となりました。お笑いの世界におけるツービートもそうでした。それ以前のゆったりとした漫才に対し、ツービートやB&Bの漫才は圧倒的なスピードがあり、かつ、ビートたけしの吐き出す「毒」は、それまでの漫才を古臭いものに感じさせる力がありました。

そのため、たけしが浅草に顔を出すと、昔の先輩から「お前みてぇのが出てきたから、こっちはすっからかんになっちまったよ」「たけしが出てきたときは、俺やめようと思ったもん」と言われることがよくあり、実際やめた人もあったといいます。

かと言って、先輩や他人に遠慮して、旧態依然のネタをやれば、自分たちが生き残ることはできません。勝つためには、自分の漫才で勝負するしかありません。結果、多くの芸人があおりを受けて苦労することになったものの、それが生きることであり、勝ち残るということだというのが、たけしの思いでした。

WORDS OF TAKESHI BEAT 08

自分が「面白い」と思うことをやれ

俺が面白いと思ってないのを無理にやって
みんなが笑ったら、俺は何なんだよ。

▼『弔辞』

ビートたけしは、数々のテレビ番組に出演し、いくつもの番組で高視聴率を記録していますが、特筆すべきは『風雲！たけし城』や『天才・たけしの元気が出るテレビ‼』『ビートたけしのスポーツ大将』といった番組は、たけし本人が企画し、構成にも深く関わっていたことです。

たけしによると、自分もふくめて、芸人というのは、「誰もが自分が一番、面白い」と思っており、自分が面白いと思っているものを、テレビの視聴者に押し付けているだけだ、といいます。「こうすればテレビの視聴者が面白いと思うのでは」という、視聴者を意識した番組ではなく、自分が面白いと思うからこそ企画し、それをテレビの視聴者にぶつければ、絶対にウケるに決まっている、という自信がそこにあるのです。

そのため、制作会社のプロデューサーが企画を持ってきても、自分が面白いと思わなければ断ったといいます。「俺が面白いと思ってないのを無理にやってみんなが笑ったら、俺は何なんだよ。だから、やんない」のです。

そこから大ヒットも生まれれば、時に顰蹙《ひんしゅく》を買うこともありましたが、「自分が面白くないものはやらない」が、たけしの仕事に対するモットーでした。

WORDS OF TAKESHI BEAT

09

過去を懐かしむな。つねに「次」に目を向けろ

とにかく「追いつかれないようにしなくちゃ」っていう思いが強かった。

▼『弔辞』

ビートたけしと同じ「お笑いビッグ3」の1人、明石家さんまは、自分が出た番組を録画して見るのが好きで、自分を見ながら大笑いしているという話を聞いたことがありますが、たけしは自分の漫才などを、後からビデオで見たりするのは「大嫌いだ」と言います。それは、どんなにウケた場面でも同じだといいます。

理由は、演じている最中は夢中なのでいいのですが、後日、それを客観的に見るのは恥ずかしくてたまらないし、演じているときの感情を思い出してしまうのが嫌だというのです。そしてより大きな理由が、「過去の自分の仕事を気にかけすぎたりするのは、芸人にとってプラスにならない」という思いです。

売れ始めた頃、自分が出た番組が次々とヒットするのはとても嬉しかったものの、「この間のアレ」よりも、「次の1本」に心が向いていました。漫才でもディレクターから「すごい面白かったよ。もう1回やろうよ」と言われても、「もう1回やるようになっちゃうと終わっちゃうから」と答えていました。

追いつかれないためには、過去を懐かしむのではなく、つねに「次」へと目を向けて進み続けるというのが、たけしの流儀でした。

WORDS OF TAKESHI BEAT

10

オリジナルに学び、オリジナルを超えていけ

ただ1つだけ、芸を盗むのは大事なことだと言える。

▼『バカ論』

「どうすれば漫才師になれますか？」とか、「どうしたら漫才や芝居が上手くなりますか？」という質問に対し、ビートたけしは、まずは始めてみること、「仮想空間をつくり上げて、見ている人をいかにその気にさせられるかに尽きる」と答えていますが、さらに、「芸を盗むのは大事なことだ」と答えています。

日本においては、芸事に限らず、ものづくりにおいても、手取り足取り教えてもらうのではなく、「見て盗め」と言われ続けてきました。今日のようにマニュアルなどのない時代は、弟子は師匠のさまざまな技や日々の鍛錬を、「見る」ことで学んだのです。これが、古来からのやり方ですが、たけしも芸を「盗む」ことを勧めているのです。

他の芸人の芸を見て、「俺もあの技をやってみよう」と盗みます。師匠と弟子ではないだけに、場合によっては「盗作」と言われかねませんが、たけしによると周りに「あいつ、勉強したな」と思わせることが大切だといいます。もちろん盗んだといっても、同じ芸をするわけではありません。オリジナルに学びながら、そこに自分なりの工夫を重ねることで、オリジナルを超えていくことができれば、それはその人の芸になるのです。

WORDS OF TAKESHI BEAT 11

成功したければ片時も努力を怠るな

芸の世界で成功するのは、宝くじに当たるような確率だよ。だけど、努力しなきゃ宝くじを買ったことにもならない。

▼『芸人と影』

ビートたけしは、お笑いの世界で天下を取り、映画監督としても世界から高い評価を得ていますが、そんなたけしから見て「芸の世界で成功するのは、宝くじに当たるような確率」だといいます。

成功するためには才能は欠かせませんが、では才能さえあれば、毎晩飲んで遊んで、稽古をしなくてもいいのかというと、そういうわけではありません。才能だけで成功にたどり着けるには限界があり、そこに「努力」や「運」が加わることで初めて成功に近づけます。たけし自身、人気者になり、大金を手にしただけに、「若い頃は飲みまくっていた」と言いますが、浅草での修行時代からたくさんの本を読み、ネタを考える努力を惜しみませんでした。

当時、ほとんどの芸人は、夜になると集まっては酔っ払い、漫才の台本については、座付きの作家から1万円から2万円ほどで買い、自らネタを考えることはありませんでした。しかし、たけしは自分で台本を書くなど、新しいものを生む努力を惜しみませんでした。

もちろん、努力したからといって、成功が約束されるわけではありませんが、「努力しなきゃ宝くじを買ったことにもならない」のも真実なのです。

WORDS OF TAKESHI BEAT

12

稽古や努力こそ「芸の肥やし」である

「悪さ」をいくらやらかしたって、
芸の肥やしにはならない。

▼『芸人と影』

芸人やタレントの中には、「浮気は文化」ではありませんが、かつては女性やギャンブル、酒や借金のトラブルを起こしても、それは「芸の肥やし」として、美化はしないまでも不問に付すようなことがよくありました。今日では、このようなことはスキャンダルになり、謹慎や自粛・廃業につながりかねませんが、今でも「芸の肥やし」的に、ある種の破天荒さに憧れる若手もいるようです。

ビートたけしも、かつては「サンザン遊んできた」1人ですが、大河ドラマ『いだてん』で、落語家の※古今亭志ん生《ここんていしんしょう》（5代目）を演じたことで、「『悪さ』をいくらやらかしたって、芸の肥やしにはならない」ことをあらためて実感したといいます。志ん生は、若い頃から酒や借金にまつわるエピソードの多い落語家ですが、一方で小唄や端唄《はうた》は全部でき、講釈も一流、そして落語も名人と呼ばれています。

たけしは志ん生を演じるにあたり、志ん生の落語を何度も聞くうちに、「遊び人のふりをして、コッソリ鍛錬ばかりしてた」と考えるようになりました。女遊びや夜の付き合いが芸の肥やしというのは「誤解」であり、圧倒的な稽古や努力こそが本当の「芸の肥やし」なのだと、たけしは気づいたのです。

※古今亭志ん生（5代目）…1890〜1973年、明治後期から昭和にかけて活躍した、戦後を代表する落語家のひとり。

WORDS OF TAKESHI BEAT 13

弱者を笑いものにするな

権威を引きずり降ろすことはあっても、可哀想な人たちを汚しちゃいけないって気持ちがいつもどこかにある。

▼『全思考』

ビートたけしは、潔癖症ではありませんが、トイレが汚いのだけは耐えられないといいます。自分の家はもちろん、たまたま入った店でもトイレが汚れていると、自分で掃除せずにはいられないようで、これは母親の影響だといいます。

「汚い場所は、いつも綺麗にしときなさい。不浄なものはいちばん気をつかわなきゃいけないんだから。綺麗なものは汚してもいい。だけど、汚いものは汚しちゃいけない」。「割れ窓理論」ではありませんが、汚れがちなところを綺麗にするためには、割れた窓はすぐに修理し、ゴミはすぐに拾い、汚れはすぐに落とすことが最も効果的です。トイレは汚れがちだからこそ、いつも綺麗にしておけというのがたけしの母親の教えでした。

そんな母親の影響なのか、たけしは政治家などの権威に対して毒づき、笑いの餌食《えじき》にすることはあっても、可哀想な人たちを汚すことをしてはいけないという気持ちをいつも持っているといいます。

ときに、貧乏を笑いにすることがあっても、それは貧乏な人を馬鹿にしているのではなく、「貧乏で何が悪い」という思いが強かったといいます。芸人は、権力などを笑い倒しても、弱者を笑いものにしてはいけないのです。

WORDS OF TAKESHI BEAT 14

売れない理由は外ではなく中に求めろ

俺《おい》らみたいに売れちゃうコンビもいるわけだけど、面白いのは売れた理由は誰にもわかんないのに、売れない理由ならいくらでもあること。

▼『下世話の作法』

ビジネスの世界では「ものごとができない理由は100ほどもある」とよく言われますが、芸人の世界でも「売れない理由」はたくさんあるようです。ビートたけしによると、売れた芸人に「どうして売れたんですか」と聞いても答えられないのに対し、売れていない芸人に「何で売れないのか」と聞くと、理由を100個ぐらい並べるといいます。

たとえば、「相棒が悪いんだ」「師匠がよくなかった」「客がばかなんだ」「時期が合わない」「俺にはチャンスが1回もなかった」「運がない」「世の中が悪い」など、次々と理由を挙げますが、特徴的

なのは、その全部が「他人のせい」や「社会のせい」で、「俺が悪い」「自分のせいだ」と言う人は1人もいません。結果、コンビを組む相方のせいにして、コンビを解散することになります。たけしは言います。

「『俺が悪い』と言えないのは、精神的に貧乏なんだ」

「できない言い訳」をいくら上手にしたところで、うまくいかないのを「社会のせい」「他人のせい」にしているうちは、決して成功できません。「俺が悪い」と認めることで、初めて「何を変えるか」「どう努力するか」が見えてくるからです。

WORDS OF TAKESHI BEAT

15

妬《ねた》みや恨《うら》みからの悪口は恥ずべきものと知れ

いかに笑いのある悪口にするか、
それが腕の見せどころ。

▼『バカ論』

2022年のM1チャンピオンにウェストランドが輝いたことで、「毒舌漫才」が注目されています。毒舌漫才の元祖はツービートです。コント55号・萩本欽一のアットホームなバラエティーが全盛の時代に、ビートたけしは早口の毒のある漫才で時代の寵児《ちょうじ》となりました。

今回のウェストランドの活躍によって再び毒舌漫才が脚光を浴びることになりました。たけしは、漫才の中ではさんざん「バカだ」「ブスだ」と悪口を言うことで、「たけし＝毒舌」と言われるようになりますが、たけしは、「ただ悪口を言えばいいというものではなく、悪口だからこそ、言葉のチョイスが問われる」と言います。

そのルールの1つが、「妬んだり恨んだりだけの悪口は言わない」ことです。2008年のベネチア映画祭で、たけしは宮崎 駿《はやお》監督のことを「何だあのやろう、客が入りやがって。客は女、子どもばっかりじゃないか」とこき下ろしますが、それは相手を認めているからこその、たけし流の言い方です。このときも、「おかげで、オレの映画には客が入らない」とオチをつけています。妬み、そねみ、恨みつらみからの悪口は恥ずべきこと、というのがたけしの考えです。

WORDS OF TAKESHI BEAT 16

文化人より芸人でいたい

お笑いでバカなことをやってるビートたけしが、すごい映画を撮るから注目されるんだ。

▼『変なおじさん』（志村けん著）

ビートたけしは、お笑い芸人としても一流なら、映画監督としても国内外で高く評価されています。そのため、中には「たけしさんも海外で賞をとってる監督なんだから、少しは上品に」と言う人もいるようですが、たけし自身は「それがいちばん下品で無粋《ぶすい》なんだよ」と、まるで気にしていません。

それどころか、カンヌ映画祭でレッドカーペットを歩くとき、浅草で買ったチョンマゲを被ったかと思うと、志村けんの『バカ殿様』にゲスト出演した際には、2人で全裸で飛び回っています。さらに『27時間テレビ』では、「ハブ獲り名人・蛇田ニョロ」という変な名前で、三線《さんしん》を持って沖縄から中継をしています。

映画監督として成功し、文化人としての地位を確立しながらも、相変わらずお笑いでは、かつてのビートたけしのままでいます。志村と一緒に酒を飲んだ時、志村にこう話しています。

「お笑いでバカなことをやってるビートたけしが、すごい映画を撮るから注目されるんだ。映画監督として評価されればされるほど、もっとバカなことをやんなきゃいけない」

お客を喜ばせるためには徹底的にやるのが、「芸人」たけしの生き方なのです。

WORDS OF TAKESHI BEAT 17

芸能人は「腹立たしい存在だ」と自覚しろ

世間に名前を売って生きてる芸能人は、「自分は世間からいつボコボコにされてもおかしくない憎まれ役だ」っていう意識を持ってなきゃダメなんだよ。

▼『「さみしさ」の研究』

この何年か、浮気や闇《やみ》営業、脱税などといった問題を起こした芸能人が、マスコミや世間からすさまじいバッシングを受け、テレビから姿を消すことが増えています。中には以前ならそこまで叩《たた》かれなかったのにというケースもあるだけに、こうしたバッシングは、やはりSNS時代ならではとも感じます。

このような風潮に対して、ビートたけしは「芸能人なんて、一般の人たちにとってみりゃ、心の底では腹立たしい存在に決まってる」と言い切っています。

人気があるからこそ芸能人なわけですが、それを「世間はみんな、オレのことを好きなんだろう」と考えるのは大間違いで、人気があり異性にモテてお金まであるのですから、一般の人たちにとっては、心の底では「腹立たしい存在」であり、スキャンダルを起こせば、叩かれるのは当然だというのが、たけしの見方です。

だからこそ、たけしは昔から知っている信用できる店でしか食事をしませんし、馴染みの店でも個室を利用して、できるだけ人に会わないようにしています。人気が高ければ高いほど、落とされたときのショックは大きくなります。芸能人は、つねに世間の目を意識する必要がある、というのがたけしからのアドバイスです。

WORDS OF TAKESHI BEAT 18

自分らしく生きるにはやせ我慢も必要だ

自分の好きなようにやる。
他人に迎合はしない。
それで売れれば嬉しいし、
売れなければ消えるだけだ。

▼『超思考』

ビートたけしは、浅草で売れない漫才師だった頃、売れたいとは思っていたものの、売れるために客に媚《こび》を売るとか、自分の嫌なことは絶対にやらなかったといい、こんな覚悟を決めていました。

「俺の漫才が受けないならそれで結構、いつでもやめてやる」

大切なのは、自分の好きなようにやることで、信じているのは自分の感覚であり、他人の感覚ではありませんでした。その結果として、売れれば嬉しいけれども、売れないからといって誰かを恨むこともなく、ただ消え去るのみというのがたけしの考え方でした。

それは、映画監督となってからも変わることはありませんでした。ここでも、他人の感覚に迎合するのではなく、自分の感覚で映画を撮り、面白いなら見てくれればいいいし、面白くないなら見なくてもいいと考えています。

撮り続ける理由は、たけしが面白いと思うことを、世界には同じように面白いと思ってくれる人がいると信じているからであり、そういう人たちがいればこそ映画を撮り続けることができるのです。たけしによると、「ある種のやせ我慢」ですが、世の中に迎合せずやりたいことをやるには、ときにやせ我慢が必要なのです。

WORDS OF TAKESHI BEAT 19

笑いには、常識という物差しが不可欠

芸人にとって、最強の武器は
「最高の常識人であること」だと思っている。

▼『弔辞』

ビートたけしは、生粋の理系人間で、小学生の頃は算数が得意でした。明治大学の工学部へも「数学で合格した」と話しているほどですし、芸人になってからも理系の本を読み続けています。しかし、それだけでなく、ほかにも映画監督であり映画脚本家・俳優でもあり、絵画も描き、さまざまな分野の専門家に肩を並べて話すだけの知識・教養を持っています。

たけしによると、芸人に求められるのは、「確信犯で嘘の会話ができる」ことであり、そのためにはノーベル物理学賞を受賞した学者と対談するだけでなく、相手の話を理解したうえで、平然と冗談が言えてこそ本物の芸人なのです。

そのうえ、人を笑わせるためとはいえ、そこにはお笑いとして許されるところと許されないところの微妙な線引きがあり、そこを間違えることなく笑わせる力も求められます。

つまり、芸人は「バカでいい」どころか、さまざまな分野に関する知識を持ち、「最高の常識人」でなければならないというのがたけしの考え方です。反対に、その線引きを間違えると、笑わせるつもりがバッシングにつながることもあるだけに、お笑い芸人には「常識という物差し」が必要不可欠なのです。

WORDS OF TAKESHI BEAT 20

勝つためには土俵選びが重要になる

芸能という世界の、あらゆるものに挑戦したけど、失敗はなかったと思う。そもそも、失敗するようなモノには挑戦していない、というのが正しいな。

▼『弔辞』

勝ち続ける人の特徴の1つは、自分が勝てる場所を見極める力を持っていることです。ビートたけしも同様です。たけしが大学を中退することを決意して、浅草に行ってコメディアンになることを決めた理由の1つは、「浅草ぐらいから始めれば、オレのほうが上に行くなっていう自信があった」からです。

その言葉通り、雌伏《しふく》の時代はあったものの、浅草で売れ始め、テレビの漫才ブームに乗っかり、お笑いのトップを取ったといっても過言ではありません。漫才ブームが去った後は、大ヒットバラエティを企画して高視聴率を叩きだしたかと思うと、役者としても独特の存在感を発揮、はたまた映画監督としても高い評価を得ています。「失敗はなかった」どころか、常に勝ち続けた人生ですが、それができたのは「そもそも失敗するようなモノには挑戦していない」からです。

たけしによると、一時は音楽番組をやろうとピアノやギターをやったものの、上手く弾くことはできませんでした。歌に関しても、たけし自身、「カラオケの延長みたいなもの」と話しています。失敗がダメとは言いませんが、勝つためには、自分が戦うべき土俵を見抜くことも大切な才能なのです。

WORDS OF TAKESHI BEAT 21

「ライバルは潰《つぶ》せ」の世界で生きていると知ろう

いつも「ライバルはいなくなれ」って願ってるのが、芸能人のまっとうな姿。

▼『芸人と影』

吉本興業で闇営業問題が起きたとき、当事者ではない芸人が、処分された芸人を救おうとしたり、エールを送っていたりするのを見て、ある大御所芸人が「自分たちの頃は、誰かが消えれば、チャンスが増えると思っていたが、今の子は違うんだ」といった趣旨の発言をしていました。ビートたけしも同様に、「生き馬の目を抜くこの世界で、他人を慮《おもんぱか》るなんて、そんな甘いことはありえない」と、冷ややかな目で見ていたといいます。

誰かがいなくなれば、その分誰かに仕事が回ってくるのが芸能界です。たけしが出演した『戦場のメリークリスマス』は、カンヌ映画祭の下馬評では※パルム・ドール確実と言われ、監督の大島渚もすっかりその気になっていましたが、実際には予想ははずれました。たけしによると評判が高すぎると嫉妬に変わり、審査委員たちは賞をくれないことが多いといいます。

「その道の権威ってのは、本当に面白いヤツや才能があるヤツを蹴落とそうとする」

たけし自身、ツービート時代にコンクールなどでお客に圧倒的にウケながらも、審査員によって落とされるという苦い経験をしていますが、それが人間の本質でもあるのです。

※パルム・ドール…カンヌ国際映画祭の最高賞。日本の作品では、『地獄門』、『影武者』、『楢山節考』『うなぎ』、『万引き家族』の5作品が受賞。

WORDS OF TAKESHI BEAT 22

お笑いっていいものだ

死にかけても、笑いで返さなきゃいけないってのは、よくよく考えたら嫌な商売なんだけど、それでもオイラは「だからお笑いっていいよな」と思ってる。

▼『ヒンシュクの達人』

お笑い芸人の大変さは、どんなときでも「笑い」を期待されることです。

ビートたけしは2019年4月、現在の上皇の「天皇陛下御即位三十年奉祝感謝の集い」で祝辞を述べるにあたって、「両陛下がご覧になった映画が、不届き者を2人も出した『アウトレイジ3』ではないということを祈るばかりです」「お茶会のときにいただいた金平糖《こんぺいとう》は、我が家の家宝にして、訪ねてきた友人に1粒800円で売っております」などと、まさにたけしらしいジョークを交えつつ、被災地に寄り添う両陛下への感謝の思いを吐露《とろ》するなど、ユーモアあふれる祝辞が反響を呼びました。

祝辞でさえユーモアを忘れないだけに、仕事ならなおさらです。放送作家でタレントの高田文夫が、心臓にペースメーカーを入れてラジオの仕事に復帰したときも、たけしがさんざんいじり倒しているうちに、高田もノッてきて、「オレは林家ペースメーカー」などと、自分が死にそうになったことさえ笑いにしたのです。

自分が死にかけたことや不幸でさえ笑いに変えなければならないのは何とも因果な商売と言えますが、たけし自身は「だからお笑いっていいよな」とも思っています。

WORDS OF TAKESHI BEAT 23

芸人の引退は客が決める

芸事に関わる人間の引退は、
自分で決めるもんじゃない。

▼『「さみしさ」の研究』

ビジネスパーソンには、「定年」という区切りがありますし、アスリートであれば「体力の限界」や「成績の低迷」が引退のきっかけになります。一方、ビートたけしは、芸事に関わる人間の「引退」は、自分ではなく、「決めるのは、あくまでも客」になると言います。

もちろん、中にはまだ人気があるにもかかわらず一線を退く人もいれば、不祥事などがきっかけとなってフェードアウトしていく人もいますが、たけし自身は「自分を求めてくれる人がいるうちは、無理したってやらなきゃいけない」と考えています。反対に、客が「もうコイツはつまらない」と判断したら、自然と仕事がなくなるのが芸人の世界だけに、そのときはどれほど若くても、やる気があっても、事実上の引退となるのです。

69歳のとき、フランスから「レジオン・ドヌール勲章」を授与されたたけしは、こう言い切っています。

「世の中がオイラを褒《ほ》めるんなら、その期待を裏切るような、くだらなくてバカバカしい芸人であり続けたいと考えている」

芸人であるなら、客に対しての責任は芸で取るのがスジ、というのがたけしの生き方です。

WORDS OF TAKESHI BEAT

24

芸は目の前に客がいてこそ磨かれる

最終的には「芸」ってのは、「人柄」だったり「味」みたいなものがモノをいうんだ。で、そういうのは絶対に人前での「ライブ」じゃないと磨かれない。

▼『テレビじゃ言えない』

ビートたけしは『THE MANZAI』で人気が爆発した後、『オレたちひょうきん族』のタケちゃんマンで、お茶の間の人気を不動のものにしています。『オレたちひょうきん族』は、土曜日夜8時の時間帯で絶大な人気を誇っていたザ・ドリフターズの『8時だョ!全員集合』に対抗するためにつくられた番組ですが、たけしはライバルだった『全員集合』は、今見ても面白いと話しています。

理由は、徹底して計算された、稽古に稽古を重ねた笑いにありますが、同時にたくさんのお客を入れた会場で演じたことで、お客の反応を見ながら笑いが生まれ、ギャグが生まれたからということにもあります。たけし自身、浅草でお客を前に漫才をやることでその芸を磨いてきただけに、客の前でのライブには強い思い入れがあります。

たけしは、どんなに有名で偉くなってもライブをやるようにしていて、立川梅春という名前で高座に上がって落語を演じています。たけしによると、芸というのは「人柄」や「味」がモノをいいますが、それは「人前でのライブ」によってしか磨かれないため、いくつになっても客前に立ち続けたいというのです。

WORDS OF TAKESHI BEAT

第二章

人としてどう生きるか

WORDS OF TAKESHI BEAT 25

「やりたい仕事」より「できる仕事」に全力を

はっきり言うと、
「やりたい仕事が見つからない」ではなくて、
やりたくてもそれに見合った実力がないだけ。

▼『バカ論』

ビートたけしは、芸人として頂点を極めただけでなく、画家や小説家としての才能もあれば、映画監督として数々の傑作を生みだしています。そんなたけしのところには、「どうしたら漫才師になれますか」という相談が寄せられるほかに、「やりたい仕事が見つかりません」という人生相談が来ることもあるといいます。

人生相談自体、たけしは「真面目に答えたって意味がない」と考えていますが、『バカ論』の中で、「ちょっとだけ真面目に答えてみようか」と答えたのが、「『やりたい仕事が見つからない』ではなくて、やりたくてもそれに見合った実力がないだけ」です。理由は、たけし自身、子どもの頃は野球が好きで、プロ野球選手に憧れた時代もあれば、大学に進んでノーベル賞を取れるような学者を夢見たものの、自分の限界に気づいて諦《あきら》めています。

そこから、「では、どうするか」と考え、行きついた先が浅草であり、漫才師への道でした。「やりたい仕事」をやるには、それに見合った実力が欠かせません。実力のなさを棚に上げて、「やりたい仕事が見つからない」と嘆くのではなく、自分の実力を発揮できる場所を見つけ、そこで精一杯努力してこそ、仕事で輝くことができるのです。

WORDS OF TAKESHI BEAT 26

二番手くらいがちょうどいい

芸人としていろいろ表彰もされましたが、「だって俺、二番手の人生なんだよな」と、素直に喜べない自分もいます。

▼『弔辞』

　ビートたけしは、お笑い芸人として間違いなくナンバーワンになった人です。ツービートとして漫才ブームを牽引《けんいん》し、『オレたちひょうきん族』以降、数々のバラエティ番組で、今では望むべくもない高視聴率を叩きだしただけでなく、映画監督としても『ソナチネ』や『ＨＡＮＡ－ＢＩ』などの話題作を世に送り出し、日仏の勲章も受賞しています。

　まさに「功成り名を遂げた」人と言えますが、それでも「素直に喜べない自分がいる」と言います。理由は、たけしにとって「お笑いは二番手」であり、一番手は「科学者になりノーベル賞を受賞する」ことでした。明治大学に進んだたけしは、当時最先端のレーザー光線を学び、レーザーに関する卒論も書き進めていました。

　本来なら、そのまま大学に残ってさらに研究に励むか、一流企業に就職するはずですが、大学を辞めてお笑いの世界に進み、やがて起きた漫才ブームで圧倒的な人気を得ることになったのです。

　二番手だったから夢中にはなりきれず、一方で「生涯の仕事を選ぶのは、二番手が一番良かったんじゃないか」と思うときもあるという、そんな感覚こそが、たけしの魅力につながっていたのかもしれません。

WORDS OF TAKESHI BEAT

27

あれこれ考える前に一歩を踏み出そう

聞きたくなる気持ちがわからないわけではないけれど、何も始めないうちから真剣に考えていてもしょうがない。

▼『バカ論』

ビートたけしは、子どもの頃からお笑い芸人を目指していたわけではありません。それどころか大学に進み、将来は研究者になりたいとさえ考えていました。しかし、学生運動が盛んな時代、大学へもあまり行かなくなり、アルバイトなどに励んでいるうちに、「就職やめちゃおうか」と考えるようになり、やがて、大学に通うことをやめ、浅草に行ってコメディアンになると決意し、実行しました。

その前から、芸人になることについて、少しは考えていたと言いますが、今と違ってお笑い芸人になるための学校があるわけではなく、まずは浅草に行き、フランス座でエレベーターボーイとして働きながら自分でコントを書き、コンビを組み、やがて頭角を現すことになったのです。

そんなたけしの元には、「どうすれば漫才師になれますか」「どうしたら漫才や芝居が上手くなりますか」という質問が多く寄せられますが、たけしは「聞きたくなる気持ちがわからないわけではないけれど、何も始めないうちから真剣に考えていてもしょうがない」と答えています。

何かになりたいのなら、うまくなりたいのなら、あれこれ考える前にまず踏み出してみる。真剣に考えるのは「始めてから」でいい。それがたけしの処方箋です。

WORDS OF TAKESHI BEAT 28

文句があるなら黙って去ればいい

他人様が商売しているところに行って、「金払っているのはこっちだろ」なんて、偉そうに文句つけたりするのは最低だね。

▼『バカ論』

ユーチューブなどでしばしば大問題になるのが、飲食店などに行って常識外れの行動をしたり、その飲食店を滅茶苦茶けなす人たちの存在です。あるいは、「お客さまは神様」という勘違いから、お店でやたらと偉そうに振る舞い、無理難題を言う困った人たちも存在します。

ビートたけしは、「どんな店に飯を食いに行っても、偉そうにできない」と言っているように、昔から客商売をやっているところに行って、ケチをつけることが大嫌いでした。人気芸人だけにお店に行くと、「本日のおすすめです」とサービスをしてくれることも多かったのですが、中には「ちょっと違うな」とか、「値段の割に大したことない」と感じることもあったといいます。

しかし、そんなときにも決して文句を言うことはなく、「御馳走様」と言って黙って店を出ます。そして、店を出てから「まずかったな。二度と行かねえ」と思えばいいだけというのがたけしの流儀でした。おいしいか、美味しくないかは個人の感想であって、それを声高に言う必要はないという考えです。店にとって本当に怖いのは、声高にクレームを言うお客ではなく、何も言わず黙って去っていくお客なのです。

WORDS OF TAKESHI BEAT 29

楽な道より
しんどい道を選べ

これは絶対、オレのためにならないと思った。
向こうのためにもならない、
こっちは楽しちゃうんだから。

▼『たけしの死ぬための生き方』

ビートたけしが結婚したのは、1979年、32歳のときです。ちょうどその頃から、世の中では漫才ブームが始まり、結婚から2年後の『THE MANZAI』で、ツービートの人気が大爆発します。

その少し前、たけしは学生時代から付き合っていた女性と、30代になる節目に別れています。理由は、彼女といると、あまりにも居心地が良すぎたからです。たけしによると、その女性は「あんたは仕事も何もないんだから、一所懸命私が働いて小遣いあげる」という一途《いちず》な女性であり、「一緒になるとだめになる。自分のためにもならないし、相手のためにもならない」と感じたからでした。

一方、のちにたけしが結婚した女性（その後離婚）は、「仕事なんか自分で見つけてきなさい。悔しかったら金を家に入れてみろ」というタイプでした。その前の女性と比べると全くの正反対で、何ともスパルタですが、「この方が男のためにはなる」というのが、たけしの思いでした。

人間というのは、ほとんどの場合、楽な方へ、楽な方へと行く傾向がありますが、あえてしんどい方を選ぶ方が、自分のためになることもあるのです。

WORDS OF TAKESHI BEAT 30

努力は成功を約束しないが努力なしの成功はない

努力すれば夢はなんでもかなう、と。
だけど、それは大間違いだ。
正しくいうなら、
努力すればかなう夢もある、だ。

▼『全思考』

ビートたけしは、貧しい家の育ちですが、当時は近所も似たり寄ったりでした。子どもが「医者になりたい」と言えば、親は「無理だよ、お前、馬鹿なんだから」と答え、「新しいグローブが欲しい」と言えば、親は「駄目だよ。ウチは貧乏だから」の一言で片づけました。

たけしによると、当時は「馬鹿と貧乏で、ほとんどが解決していた。一所懸命努力すれば、きっとできるよなんて絶対言わない」のが現実でした。こうした環境で育てば、たいていの子どもは諦めたり、我慢したりすることを当たり前のこととして受け入れるようになります。世の中は決して平等ではないし、我慢することができない人間は生きてはいけないことも、子どもなりに理解したのです。

そのためでしょうか、たけしは「努力すれば夢はなんでもかなう、と。だけど、それは大間違いだ」と言います。たしかに、世の中にはどんなに努力してもかなわない夢がたくさんあり、「努力すれば夢はかなう」と胸を張って言えるのは、夢をかなえた一握りの人だけです。

たけしは、「努力してもできないことがある」という厳しい現実を知ってなお努力できたからこそ、成功することができたのかもしれません。

WORDS OF TAKESHI BEAT 31

下積み時代の経験は後から効《き》いてくる

世の中全体が、回り道をすることを嫌がって、すぐに結果を求めるようになっちまった。

▼『ヒンシュクの達人』

今の時代、お笑いの世界でも、師匠と弟子という関係はほとんどなくなっています。吉本興業を筆頭に、芸能事務所がお笑い芸人の養成学校をつくり、専門学校のように多くの芸人を輩出しています。

そこには、同期や先輩・後輩という関係はあっても、かつてのような師匠と弟子という関係はありません。そして、中には学校に在籍している頃から売れ始め、それこそデビューから1、2年のお笑い芸人がテレビにレギュラーを持つことさえあります。

ビートたけしは、こうして出てくる芸人に対して、かつて自分にいろいろなことを教えてくれた師匠、※深見千三郎《ふかみせんざぶろう》との間にあったような人間関係があるのだろうか、と疑問を感じています。早く売れることで下積みの経験がないことについても、「それは手っ取り早くていいんだろうけど、なんだか芸に『味』みたいなもんがないって感じはあるよね」と話しています。

たけしによると、今の時代は芸能に限らず、下積みや長い修行を嫌い、手っ取り早く成果を上げようと考える人が増えていますが、「下積みの頃に悶々《もんもん》としながら考えたことって、やっぱり後から効いてくる」というのがたけしの実感です。

※深見千三郎…1923～1983年。コメディアン、舞台芸人で、ツービートや萩本欽一などの師匠。テレビにほとんど出演しなかったことから「幻の浅草芸人」とも言われた。

WORDS OF TAKESHI BEAT

32

与えられた時代と場所で最善を尽くせ

はっきり言えるのは、計算してヒーローになった人は、おそらくこの世に1人もいないということだ。

▼『超思考』

その時代その時代に、人気者は何人も生まれますが、その時代を象徴するヒーローとなると限られます。野球が大好きだったビートたけしにとってのヒーローは長嶋茂雄でした。大学時代からスターだった長嶋は、巨人軍に入団、デビュー戦での4打席連続三振や天覧試合でのホームランなど、数々の伝説を残しました。では、長嶋が今という時代にデビューしたとすれば、同じように時代のヒーローになれたかというと、そうではないというのがたけしの見方です。成功するためには「時代と場所」にも恵まれることが不可欠ですが、たけしによると長嶋も美空ひばりも石原裕次郎も、昭和30年代、40年代といった時代背景があってこそ圧倒的なヒーローとなったのです。

それはたけし自身も同様で、空前の漫才ブームの中で圧倒的な人気を博し、テレビの世界の人気者となりますが、それは計算してできたことではありません。計算ではなく、「時代の波にもまれながら、もがいたりあがいたりしているうちに、いつの間にかそうなった」というのが、たけしの正直な思いです。生まれる時代や場所を選べない以上、人は与えられた時と場所で、もがいたりあがいたりしながら生きる存在なのです。

WORDS OF TAKESHI BEAT 33

最高傑作はいつだって次の作品だ

いつもこれが最高傑作だと思って映画をつくっているけれど、完成して試写を見た瞬間から、もう次の作品のことを考え始めている。

▼『全思考』

ウォルト・ディズニーやピーター・ドラッカーの凄《すご》さは、どれほどのヒット映画を生み、ベストセラーを出しても、「あなたの最高傑作は」という質問に、「次回作だ」と答えていたところにあります。

これは、いくつになっても変わらなかったといいますから、それこそが創作への意欲をかき立てる原動力だったのでしょう。ビートたけしも同様に、1つの作品を撮り、試写を見るたびに「次こそ、すごい作品を撮ろう」と決意していたといいます。

出来上がった作品がひどかったとか、失敗だったとかという意味ではありません。たけしによると、映画というのは客観的に見れば、駄目なところだらけで、完璧な映画なんてあり得ないといいます。もちろん、興行的に成功すれば素晴らしいし、映画祭で賞を取ればやはりすごいことなのですが、こうした外部からの評価とは別に、映画を撮る監督という立場からは、「完璧」はあり得ないということなのでしょう。そして、「完璧ではない」という思いこそが、次の作品への意欲につながっていくのです。たけしはこれまでに19本の作品を監督していますが、はたして次はどんな作品を見せてくれるのでしょうか。

WORDS OF TAKESHI BEAT 34

1つのことに夢中になっても執着しすぎるな

もし何か1つに執着していたら、今の自分はなかったと思う。

▼『「さみしさ」の研究』

ビートたけしが、映画『戦場のメリークリスマス』に出演したのは1983年、36歳のときです。たけしによると、当時はお笑いに飽《あ》きていた時期であり、初めて映画らしい映画の現場に行ったことがとても嬉しかったといいます。

「ちょっとシリアスなことでも」という思いもありましたが、一方でお笑いで売れているという「保険」があっただけに気楽さもありました。撮影は無事終了したものの、映画館で見たところ、たけしが登場しただけで劇場に笑いが起こったことで、たけしは考えを改めます。観客にとって、たけしは役者ではなく、やはりお笑いのたけしだったのです。以来、凶悪な犯罪者の役などを演じるなどして、「お笑いのたけし」と「役者のたけし」を切り離す努力をします。その甲斐あって、「たけしが、森繁久彌になる」などと心配する人たちもいましたが、たけしにとってはその評価が、のちの映画監督の道につながることになったのです。

この道一筋も立派ですが、「もし何かひとつに執着していたら、今の自分はなかったと思う。そういうタチだから、今でも仕事を続けていられる」とたけしは思うのです。

WORDS OF TAKESHI BEAT 35

売れているからこそ謙虚であれ

売れりゃ売れるほど、謙虚な姿勢が大事なんだよ。

▼『芸人と影』

ビートたけしによると、調子に乗っている若手というのは、「自分の代わりはいない」と勘違いしていますが、かつての高倉健や石原裕次郎ならともかく、芸能界にはそんな存在はほとんどいないといいます。たしかにこの数年の間にテレビの人気者が何人も不祥事などで謹慎などに追い込まれていますが、ではそれで番組がつくれなくなったかというと、そんなことはなく、自分がいなくなっても、代わりはいくらでもいる世界です。

　だからこそ、たけしは、ゴルフに行ったときもキャディに文句をつけることはなかったといいます。理由は、キャディから「俳優の○○さんはすぐキャディに当たる」「タレントの△△さんはマナーが最悪」などと聞かされることがあり、こうした話はどんどん広がって、「いつかヤラかしたときに、一気に爆発する」ことを知っていたからです。

　かつてマーケティングの世界で「製品に満足した顧客は、製品が良かったことを平均3人に話すが、不満のある顧客は、平均11人に不満を漏らす」と言われました。SNSが発達した時代、不満や悪い噂はまたたく間に広がってしまいます。売れれば売れるほど、謙虚でなければならないというのがたけしの自戒です。

WORDS OF TAKESHI BEAT 36

自分の限界を知り全力を尽くせ

自分の限界がわかって、「できること」と「できないこと」が判断できるようになると、自然と腹が据《す》わる。

▼『ヒンシュクの達人』

「オレは、まだまだこんなもんじゃない」と言う人がいます。「オレってこんなもの」と、割り切るのではなく、己の力を信じて、「もっとできるはずだ」と、自分自身に言い聞かせているのでしょう。いわば、若さの特権とも言えなくはないですが、同じことを、歳を取ってからも言い続けていたとしたら、それはちょっと考えものです。

ビートたけしは、お笑いの世界で天下を取り、映画監督としても高い評価を得ています。しかし、一方で、ある時期から「この先は『上手くやってもこの程度だな』って見えてきた」といいます。

たけしによると、ある程度の年齢になると、それまでの自分にできなかったことが突然できるようになることはなくなります。一方で、「ここまでは上手くできる」ということも見えてきます。「できること」と「できないこと」がはっきりすると、この先何をやるべきかについてクリアになり、自然と腹が据わり、少々のことでは動じなくなります。

それが年齢を重ねるということであり、そうなることで、人はこれまで以上に「できること」に真摯《しんし》に取り組めるようになるのです。

WORDS OF TAKESHI BEAT 37

好きなことを夢中でやっているとそれが仕事になる

俺は魚のように生きてるだけで、仕事に行くのは好きとか嫌いとかじゃなくて、魚のように泳いでいるだけ。

▼『弔辞』

「人は、なぜ働かなければならないのか」と問いかける人がいます。「生活のため」と答える人もいれば、「何かを成し遂げるため」と答える人もいます。ビートたけしの答えは、「俺は魚のように泳いでいるだけ。ただ生活しているだけ」というものです。

魚に、「何のために泳ぐのか」と尋ねたところで、答えが返ってくるわけではありません。魚として生まれ、海や川で泳ぐことが当たり前の魚にとって、泳ぐことはまさに生きることであり、生きている限り、海や川を泳ぎ続けます。

たけしは、子どもの頃から人を笑わせたり、笑い話をしてゲラゲラ笑ったりするのが好きで、それに偶然が重なって、たまたま仕事になっただけで、そこに「誰かに働かされている」とか、「生活のために働いている」という意識はないといいます。芸人であることイコール「仕事」という意識はあまりなく、自分の好きなお笑いや映画をつくることを、魚が泳ぐように、ごく当たり前のこととして楽しんでいるというのが、いまのたけしです。

好きなことを夢中で続けていたら、それが「一生の仕事」になったというのが、たけしの人生です。

WORDS OF TAKESHI BEAT 38

人生は他人任せではなく自己責任で生きていけ

思うとおりにやって駄目だったら、それだけのことって納得できるけど、他人の言うことを聞いて駄目だったら、どうにもならないよ。

▼『顔面麻痺』

ビートたけしが、生死の境をさまようほどのバイク事故を起こしたのは、1994年8月2日未明のことです。9月27日に退院するまでに何が起こり、何を考えたかをまとめたのが『顔面麻痺』という本ですが、同書によると「顔と目の神経麻痺」を治すための手術を行うかどうかで、たけしは大きな決断をします。

入院からしばらくして、心配された頭部は「普段通り」に戻りましたが、顔と目の神経麻痺の回復には時間がかかるため、医師もスタッフも手術を受けることを勧めます。理由は、これらの症状は神経の断裂が原因と思われるため、手術することで断裂した神経を寄せ、つながりやすくすることで、完治するとは言えないものの、良くなる可能性が高くなるからでした。しかし、たけしは、最初は手術を拒否し、その後、説得されて受けてみようという気になりますが、結局「手術をやめる」決断をしました。

理由は、「思うとおりにやって駄目だったら、それだけのことって納得できるけど、他人の言うことを聞いて駄目だったら、どうにもならないよ」という思いからでした。「他人任せ」ではなく、これまでどおり「自分の勘」に従って生きていきたいというのがたけしの考えでした。

WORDS OF TAKESHI BEAT

39

他人の人生ではなく自分の人生を生きたい

自分の人生を生きるから楽しいんであって、他人の人生を生きてどうする。おいらの「生き方」は、仕事しかない。

▼『たけしの死ぬための生き方』

「他人の人生を生きて、自分の時間を無駄にしてはいけない」は、スティーブ・ジョブズがよく言っていた言葉です。ビートたけしがバイク事故で入院していたとき、古い友人から言われたのが、「お前みたいにバンバンやっていくから、こういうことになるんだよ。やっぱり人生を楽しまなきゃいけないいんだよ」でした。

たけしの身体のことを心配しての忠告でしたが、たけしはその言葉を聞いて「たかが事故で、仕事控えめでのんびり過ごしてなんていうんだったら、昔のバカやってた自分に申し訳ないよ」と、以前と同じようにバンバン働く生き方こそが「自分の生き方」だとあらためて実感しました。

身体のことを考えれば、友人が言うように仕事を控えめにして、ゆっくりする方が望ましいのかもしれませんが、たけしにとってそれは「他人の人生」であり、これまでの生き方を否定するものです。「自分の人生」とは異なる「らしくない」ものでした。

事故を起こしたことで、多少スピードをゆるめたとしても、身体が回復したら自分らしく全力で生きていく。たけしは事故を経て、「おいらの生き方は仕事しかない」と再認識し、さらなるパワーアップを誓ったのです。

WORDS OF TAKESHI BEAT

40

夢中になり過ぎるな
冷静な目を持ち続けろ

どんな仕事にだって、誰も気づかない盲点という
ものがあるのだが、そういうものに気づくのは、
ちょっと引いたところから眺めている部外者だ。

▼『超思考』

ビジネスの世界でイノベーションを起こすのは、業界内部の人間ではなく、外から来た人間が多いのは、外にいた方がその業界を冷静に見ることができ、何が問題でどうすればいいかを考え実行することができるからです。

ビートたけしが『その男、凶暴につき』で映画監督のデビューをしたのは、1989年、42歳のときですが、それ以前から、映画の世界に関して「日本映画は甘いな。もっとおもしろくできるんじゃないか」という思いを抱いていました。当時、映画を見ながら、「近ごろ、ろくな日本映画がない。※黒澤明以後、日本の映画は何ひとつ新しいことをやっていない」という不満とともに、「日本映画はまだまだいろんなパターンが残ってるね」とも思い始めていました。

「映画は、オレにとって唯一残された可能性のあるジャンル」という思いが、たけしを映画づくりへと向かわせることになったのです。

どんな仕事にも、誰も気づかない盲点があり、それに気づくのはちょっと引いたところから眺めている部外者です。「冷静に見れば、どんな仕事であろうとも、今より面白くできる」が、たけしの仕事に向き合う姿勢です。

※黒澤明…1910～1998年。1950年「羅生門」でベネチア国際映画祭金獅子賞、第24回アカデミー賞特別賞を受賞。「世界のクロサワ」と呼ばれ、日本を代表する映画監督の一人。

WORDS OF TAKESHI BEAT 41

大失敗のはずが後にひっくり返ることもある

結果論を自分で受け入れて、今ある自分を良しと思うところから始めないと、いつまで経っても置かれている状況に満足いかない日々を過ごすことになる。

▼『変なおじさん』

ビートたけしに「人生最大の失敗は何ですか?」という質問をする人が期待しているのは、「フライデー事件」や「バイク事故」のことですが、たけし自身はこれらを「失敗かと思ったら、結果的には箔が付いちゃった」と話しています。

たけしはフライデー事件では傷害罪で懲役6カ月(執行猶予2年)の判決を受け、半年間の謹慎に追い込まれていますし、バイク事故では瀕死の重傷を負い、顔と目の神経麻痺の回復に長い時間を要しています。いずれも自らが引き起こしたことであり、「大失敗」と言えば大失敗ですが、たけし自身は「大失敗と思ったことが、後になってひっくり返る可能性だってある。もちろんその逆もしかり」と冷静に振り返っています。

実際、どちらの事件や事故も普通なら芸能界から消え去る原因となってもおかしくないことばかりですが、いずれの場合も復帰後のたけしは芸能界で精力的に稼働するだけでなく、映画監督としての名声を高めるなど、「結果的に箔がついた」ほどです。大切なのは起きた結果を受け入れて、今ある自分を良しと思うところから始めることです。それができたからこそたけしは70歳を超えた今も第一線に立ち続けることができるのです。

WORDS OF TAKESHI BEAT 42

生きるとは自分の力で歩いていくこと

いいことも、悪いことも含めて、ビートたけしだ。

▼『真説「たけし!」オレの毒ガス半生記』

ビートたけしの人生は、一言で言えば「波乱万丈」ということになります。

漫才で天下を取り、バラエティ番組の数々を企画して高視聴率を連発し、フライデー事件やバイク事故で生死の瀬戸際も経験しています。しかし、そこから不死鳥のように蘇《よみがえ》り、テレビのトップランナーであり続けるとともに、映画監督として世界的な名声を手にしています。

こんな紆余《うよ》曲折の人生を振り返って、たけしはこう話しています。

「いいことも、悪いことも含めて、ビートたけしだ。何にもない普通のタレントで終わるのと、どちらを選ぶと言われれば、事故も含めて、あえて、こちらを選ぶと思う」

これほどの成功を収めながらも、たけしの人生に対する考え方は、「残酷なようだけど、生きていくのは、そんなに楽しいものじゃない」です。それでも、何とかがんばって生きていれば、「たまに宝くじを拾ったり、うまい料理を拾うこともあり、それがたまに起きるから楽しい」というのがたけしの考え方です。

何にもしない人間に、誰かが思いやって力を貸してくれることはありません。生きるとは、自分の力で歩いていくことなのです。

WORDS OF TAKESHI BEAT

第三章 師匠と弟子

WORDS OF TAKESHI BEAT

43

笑われるのではなく
芸で笑わせろ

それは、「笑わせている」んじゃなくて、
「笑われている」だけ。

▼『バカ論』

ビートたけしは、浅草時代の師匠・深見千三郎からたくさんのことを学んでいますが、その1つが「芸人はボランティアじゃない」です。

深見は、よく「芸人だからといって、ただ外で歩いているのを笑われたら恥ずかしいよ」と言っていました。

「だってお前、芸をやっていないんだから。芸をやっていないのに笑われるということは、無料で笑いを振りまいているということだろう」

たけしによると、芸人と素人の境は、「お金をもらって芸をするかどうか」にあります。にもかかわらず、ただ道を歩いているだけで笑われるようでは芸人とは言えない、というのが深見の教えです。

芸人は芸をすることで見ている人を「笑わせる」わけですが、芸のない人は変な格好をしたり、脱いだり、奇抜な格好をして笑わせます。たしかに笑いは置きますが、それは「笑わせている」のではなく、単に「笑われている」だけなのです。

ある落語家が、裸踊りに近いことをする芸人のことを「あれはただのお座敷芸」と評していましたが、芸人に求められるのは、「笑われる」ではなく、芸で「笑わせる」ことなのです。

WORDS OF TAKESHI BEAT 44

普段から意識してこそ「芸人らしさ」が身につく

コントみたいなやりとりをしょっちゅうしていた。
そうすると、「深見さんのところの弟子の
たけしは面白いね」と思ってもらえるんだね。

▼『バカ論』

ビートたけしの浅草時代の師匠・深見千三郎から学んできたもののなかで、最も大きく、影響を受けたのが、「芸人根性」です。たけしによると、コメディアンというのは、会った瞬間に「この人は面白い」と、雰囲気で思わせることが大切なのですが、それは普段から意識していないと身につかないといいます。

浅草の店でスッポンを食べ、店を出るときに、たけしが下足箱から師匠の靴を出したところ、いきなり怒られました。深見によると、たけしがピンクのハイヒールを出してきて、それを深見が履くのを見たらみんなが笑うというのです。あるいは、楽屋で「肩を叩いてくれ」と言われて、そのまま肩を叩いたら怒られます。仕方なしに深見の頭を叩いたり、たけし自身の肩をもむことで、初めて合格なのです。こうしたコントのやりとりを、人がいる前でしょっちゅうやるのが深見でした。そうすることで周りの人は「たけしは面白いね」と思うようになりますし、たけし自身、笑いに対する勘やコツを学ぶことになったのです。

お笑い芸人が舞台で笑わせるのは当然のこととして、普段の振る舞いや所作すべてが「芸人らしさ」をつくっていくのです。

WORDS OF TAKESHI BEAT 45

師匠を盛り上げるのは弟子の役割

師匠が弟子をつくるんじゃない。
その逆で、弟子が師匠をつくる。
特に芸人の場合は。

▼『バカ論』

「上司と部下は会社の中だけだけど、師匠と弟子は一生の付き合い」と言った人がいます。自分を厳しく鍛えてくれた上司が亡くなった際の弔辞の一節ですが、たしかに師匠と弟子の間には特別の関係が存在するようです。

ビートたけしの師匠・深見千三郎は浅草では有名でも全国的に名前の知られた人ではありませんでした。1983年に59歳で火災により亡くなっていますが、その時、「笑いの師匠・孤独な焼死」と新聞に報じられています。新聞などで全国的に報じられたのは、深見がたけしの師匠だったからで、これが最初で最後の新聞への登場だったといいます。

たけしによると、自分の師匠がいかに素晴らしかったか、芸がいかに優れていたかというのは、弟子が語ることでつくっていくしかないといいます。自分の師匠の話は面白いネタにもなるだけに、師匠の評価は弟子が師匠をどう評価し、何を語るかによって決まります。中には師匠のことは思い出したくもないし、話もしたくないという芸人もいるようですが、たけしは「師匠を盛り上げるのは弟子の役目」と考えていました。それだけでも、深見がいかに大きな影響をたけしに与えたかがわかります。

WORDS OF TAKESHI BEAT 46

弟子は師匠を真似るな超えていけ

師匠は世に出るための梯子《はしご》でいい。梯子をどう使うかは、弟子それぞれが考える問題。

▼『超思考』

ビートたけしには、「たけし軍団」と呼ばれるたくさんの弟子がいました。しかし、その弟子がみんな漫才師になったわけではなく、そのまんま東のようにお笑い芸人から政治家になった人もいれば、漫才師はやめても、脚本家に転身するなどしてお笑いの世界に留まり、長く生きている人、途中でやめた人と、さまざまです。

たけしによると、落語家なら噺《はなし》を教えることもできますし、真打になるという目標もありますが、漫才では「教えることがほとんどない」と言います。理由はビートたけしのコピーをつくっても仕方がないからです。「誰かのコピーでは出世できない」のがお笑いの世界であり、弟子入りによって芸能界の入り口には立てたとしても、そこから師匠という梯子をどう利用するかは、弟子一人ひとりが考え、工夫する必要があるのです。

たけし自身、師匠の深見千三郎から多くのことを学んではいますが、そのコピーではありませんし、ある部分では反面教師的な学びもしています。師匠は弟子にとって、「あれをやっても自分は成功しないという見本」でもあるというのがたけしの考え方です。弟子は、師匠のコピーではないオリジナルを身につけてこそ、世に出ることができるのです。

WORDS OF TAKESHI BEAT 47

芸人は「かっこいい」生き方をしろ

芸人は、腹を減らしていても、いい服を着ろ。
腹が減っているのは他人にはわからねえが、
着ている服は見える。

▼『下世話の作法』

ビートたけしの浅草時代の師匠・深見千三郎は、とにかく、「粋《いき》」で、かっこいい振る舞を好み、それを実践する人でした。たけしは、深見にこう言われました。

「芸人は、腹を減らしていても、いい服を着ろ。腹が減っているのは他人にはわからねえが、着ている服は見える」

「芸人は、外ではいいものを食え。そのカネがないなら外へは行くな」

深見は、芸人は舞台では「客に見せられるレベルの芸」を持ち、舞台から降りたら「かっこいい」と言われることが大切と考えていました。実際、深見はコメディアンでありながらも、ハリウッドスターのジェームズ・ギャグニーが着たようなダブルのスーツを着こなし、スーツの裏地には浮世絵などの柄が入っていたといいます。江戸時代のお金持ちというか、粋な人たちが着物の裏地にこだわっていたのと同じことですが、こうした見えない部分にこそお金をかけるというのが、深見の「粋」でした。

晩年はアルコール中毒になり、タバコの火の不始末による火事で亡くなるという、破天荒な生き方をした深見ですが、たけしにとって深見が教えてくれたかっこよさや粋な振る舞いは、大きな財産となったのです。

WORDS OF TAKESHI BEAT

第四章

テレビとインターネット

WORDS OF TAKESHI BEAT 48

無難さを求めれば面白さが消えていく

1つの意見が70％正解だとすると、残りの30％の部分を嫌う人間が文句を言うから、言葉の幅がジャンジャン狭くなってきて、テレビなんかはどうしても無難な方向へ行くようになる。

▼『弔辞』

テレビの世界で一世を風靡《ふうび》したディレクターたちが、テレビの世界からユーチューブの世界へと移ることが最近増えてきています。理由の1つには、コンプライアンス（法令遵守）が厳しくなり、かつてやっていたような企画ができなくなったり、発言への制約が多くなったりしているからだといいます。

ビートたけしは、最近のテレビ番組がつまらなくなったのは、「コンプライアンス、文句はやたら多いんだ。でも番組予算はやたら少ない」という2つの理由からだと言っています。特に、番組へのクレームは、かつてはテレビ局に行っていたものが、現在はスポンサーに直接行くため、「演《や》れないネタ」「言えないこと」がやたら増えたというのです。そこにSNSが加わり、こうした傾向がさらに加速しています。

たしかに、テレビ番組に限らず、企業や自治体などが何かを中止などした場合、こうしたクレームがあることが多いものの、クレームの数そのものは驚くほど少ないということがよくあります。

クレームを恐れ、無難さを追えば追うほど言葉の幅は狭くならざるを得ません。はたしてそこから面白さや笑いは生まれてくるのでしょうか。

WORDS OF TAKESHI BEAT 49

「口だけの人」より「実行する人」であれ

そんな奴ら（自称評論家など）に昔から
おいらが言ってきたのは、一言だけ。
「じゃあ、お前がやってみろ」。

▼『バカ論』

ものづくりの世界でもよく言われることですが、出来上がった製品についてやたらと批評したがる人がいます。もちろん批評は大切ですが、そんな人たちに対して、あるイノベーターが投げかけたのが「君はつくる側か、それとも単に批評する側か」という言葉でした。ものづくりの難しさを知るからこその言葉でした。

ビートたけしによると、今の時代は「テレビ不遇の時代」で、コンプライアンスという名の下に、できることは制限され、かつ予算の削減という厳しい状況に置かれています。テレビの全盛期をつくり、時代をリードしたたけしから見て、今の番組づくりは大変だといいますが、かといって「最近のテレビはつまらない」と、評論家たちがしたり顔で論じ、「ただのクレームじゃねえか」ということを平気で言うことに対して不満を感じています。

こうした人たちに対して、たけしは昔から言ってきたのが「じゃあ、お前がやってみろ」です。今のテレビに文句を言うのなら、厳しい予算やたくさんの制約の中で、もっと面白いものをつくる方法を教えてくれ、というのです。世の中を変えていくのは、「口だけの人」ではなく、試行錯誤しながら何かをつくり上げる人なのです。

WORDS OF TAKESHI BEAT 50

真似るな
新しいものを生む努力をしろ

先例主義ほど無難に見えるものはない。
だけど、それが自分たちの首を絞めていることに
気がつかなきゃいけない。

▼『芸人と影』

企業経営で注意すべき言葉の1つに、「他の誰もがやっているから」があります。他社の動向を見ながら、「あそこがやっているなら」と、横並びで物事を進めると、無難ではあっても、大きな成長を望めなくなるという教訓の1つです。

ビートたけしのすごさの1つは、単にテレビ番組に出演するだけでなく、自ら企画し、構成に参加することで、それまで誰も見たことがない「新しさ」を感じさせる番組をつくり、ヒットさせたところにあります。クイズ番組の世界に新しい視点を持ち込んだ『平成教育委員会』のアイデアをテレビ局の人間に話したところ、最初は「それのどこが面白いんだ」という顔をされたといいます。理由は「先例がなかった」からですが、実際に放送を開始したところ、視聴率が30％を超える大人気となっています。

視聴率が取れないと、どうしても他の視聴率を取っている番組を真似るようになります。しかし、それでは「本家」を超えるのは難しく、どうしても似たような「そこそこ」の番組ばかりになってしまいます。先例主義は無難ではあっても、それではじり貧になります。「新しいものを生み出すためには、頭を一所懸命ひねらなきゃ」が、たけしの指摘です。

WORDS OF TAKESHI BEAT 51

新しいものを生み続けろ。さもなければ飽きられるのみ

何より恥じるべきは「マンネリ」と「二番煎《せん》じ」だ。どんなに内容がこなれていても、「ウケたフォーマットの繰り返し」じゃ、いつか飽きられる。

▼『芸人と影』

この何年か、テレビの世界で問題になったのが「やらせ」や「パクリ」です。簡単には見つからないはずのものを簡単に見つかるように仕組んだり、現実にはない祭りなどをあるように見せたりするといった問題が起き、中には中止に追い込まれた番組もあるほどです。

ビートたけしは、こうしたこと以上に考えるべきは、「マンネリ」と「二番煎じ」だと言い切っています。漫才ブームの最中にあったたけしは、「次」に向けて、「みんなが驚くような画期的な番組をつくらなければ」と考えます。理由は「どんなに内容がこなれていても、『ウケたフォーマットの繰り返し』じゃ、いつか飽きられる」からです。ビジネスの世界でも、ある製品やサービスが大ヒットすると、それを模倣した製品やサービスが次々と登場しますが、最終的に元祖の人気を超えることは少なく、やがてはそのほとんどが淘汰《とうた》されてしまいます。

テレビの世界も同じです。たけしによると、テレビのバラエティに必要なのは、「何をしでかすかわからない」という意外性なのですが、それをしないで「ありがちなバラエティ」ばかりをつくっていたら、結局は飽きられ、じり貧になっていくのです。

WORDS OF TAKESHI BEAT 52

時間のムダ使いを恐れろ

本当に大事にしなきゃいけない自分の時間を
（スマホに）奪われてるってことに
気がつかなきゃいけない。

▼『テレビじゃ言えない』

時間は唯一、皆に平等に与えられたものですが、時間をどう使うかは人それぞれで、限りある時間をどう使うかによって、生き方や成果は違ってきます。

今の人たちは、1日中スマホを見ていて、スマホを手放せない人が増えています。たけしも、カメラ代わりやネタやアイデアをメモるためにはスマホを使っていますが、映画や芸術作品をつくるに際しては、スマホやパソコンなどのインターネットで調べることはないといいます。

理由は、専門的で深い知識と理解が求められる場合、ネットで調べたとしても、本当に知りたい情報はほとんど出てこないからです。たしかに、たくさんの情報を得られますが、本当に知りたい「その奥の情報」に到達することはできません。

たけしにとって、本当の意味での「調べる」は、専門書を読み、権威者の話を聞き、「ネットに出ていない、深い内容を掘り出す」ことなのです。そんなたけしだけに、ネットに多くの時間を割くことには懸念を抱いています。ネットはたしかに音楽や動画、ゲームなど、何でももたらしてくれますが、「本当に大事にしなきゃいけない時間をドンドン奪われていることに気がつかなきゃいけない」というのがたけしのアドバイスです。

WORDS OF TAKESHI BEAT 53

切り取りだけで安易に人を非難するな

ネットがつくった「バカが簡単にモノを言う社会」は深刻だけど、「事実を確認しないで批判するバカの量産」もかなり問題だ。

▼『芸人と影』

テレビの絶頂期を知るビートたけしから見ると、今日のテレビは明らかに勢いを失い、その影響力も低下しています。テレビが凋落《ちょうらく》した理由にネットがあるのはたしかですが、では「じゃぁ、次はインターネットの時代か」というと、それはそれで厄介《やっかい》だというのがたけしの見方です。

たけしによると、ネット社会は物事を単純化して、ある種の分断を生む懸念があるといいます。そのため、意見も先鋭化して、意見の対立が「論争」ではなく「リンチ」になりかねないと、たけしは感じるのです。いったん炎上し、攻撃が始まると、いくら弁明しても聞き入れてもらえず、叩かれっぱなしになるのも、ネットならではの特徴です。

もう1つの懸念が、たけしもテレビなどの発言を切り取られ、ニュースとなって攻撃されることがありますが、「詳しくは知らないけど、けしからん」「実物は読んでないし、見てないけれど謝れ」と、発言の全体を知らず、主旨を理解しないままに平気で他人を攻撃する人たちの存在です。相手を批判するのなら、相手の発言の全体を知り、主旨を理解してからというのが最低限のルールというのが、たけしの考えです。

WORDS OF TAKESHI BEAT 54

ネットをバカとガキの遊び場にするな

イタズラひとつでも、やったヤツの本性とスケールが見えちまう。

▼『芸人と影』

昨今、「バイトテロ」と呼ばれる迷惑行為が盛んにネットに投稿されています。自分がアルバイトをしている店で、食材や機材を使った悪ふざけをした様子や、お客の立場で店を訪れて、そこで悪ふざけをした様子をユーチューブに投稿するなどですが、その結果、名前や素性をさらされたうえに、店から多額の損害賠償を請求されるという事態を引きおこしています。

こうした動画に関して、ビートたけしは「バカとガキの遊び場」と言い切っています。こうした動画を投稿する人たちは、それを「面白い」と感じ、「いいね」を貰えると思っているのでしょうが、たけしによると、そこには「笑いのセンスのかけら」もなく、「人からとがめられることと、他人の興味を引くこととの意味の違いすら理解できていない」ところに問題があります。

センスもなく、常識もない人間が、単に「いいね」欲しさでやった行為は「イタズラ」と言えばイタズラなのでしょうが、イタズラひとつでもその人の本性とスケールが見えてきます。SNSへの投稿は、その向こうにたくさんの人がいて、文字や動画がネット上に永久に残るという覚悟を持つことが必要なのです。

WORDS OF TAKESHI BEAT 55

一度の失敗ですべてを奪うのは残酷すぎる

世の中が「たった一回の失敗も許されない社会」になってるのは本当に怖い。

▼『テレビじゃ言えない』

ビートたけしは、これまでに「フライデー事件」で懲役6カ月（執行猶予2年）の判決を受けたり、バイク事故で生死をさまよったりするような経験をしています。今の時代なら「一発退場」になってても不思議のないような大事件、大事故ですが、いずれも数カ月間の謹慎や入院を経てテレビに復帰し、それ以前と変わらないどころか、それ以前を上回るほどの活躍を見せました。

そんなたけしから見ると、この何年かの間に、不倫や浮気、脱税や闇営業といったさまざまな問題を起こしたタレントや芸人が、「一発退場」に近い形でテレビから消え、何とか復帰したとしても、かつてのような活躍は望めない現象には、疑問も感じるし怖さを感じるといいます。

もちろん、やったことを弁護しているわけではありませんが、「一度失敗したヤツは、念のために外しとく」というのは、一種の自己保身のようなものであり、そのタレントや芸人の才能を買っているのなら、続投させるのもありではないか、というのがたけしの考えです。

人間は失敗をするものです。ただ一度の失敗ですべてが奪われるのは、「本当に残酷だってことを知るべきだよ」とたけしは言うのです。

第五章　人間関係の築き方

WORDS OF TAKESHI BEAT

WORDS OF TAKESHI BEAT 56

「話が合わない」のは話を引き出す力がないだけ

井戸を掘っても、誘い水をしないと
水が湧《わ》いてこないように、
人との会話にも誘い水が必要なのだ。

▼『全思考』

成績のいい営業社員の多くは、「話し上手」というよりは「聞き上手」というのはよく言われることです。たしかに、人の話を聞くよりも、自分の話をしたいという人は多く、上手に話を聞いてくれる人には良い印象を持つものです。

とはいえ、人の話を聞くのは面倒だし、苦手だと感じる人も少なくありません。そんな人に対し、ビートたけしは「人との会話にも誘い水が必要だ」とアドバイスしています。たとえば、料理人と会ったら料理のことを、運転手に会ったら車のことを、お坊さんに会ったらあの世のことを、素直な気持ちで聞いてみればいいのです。

人との会話で大切なのは、きっかけづくりであり、きっかけさえつくることができれば、思いもよらない話を聞けることもあり、相手はいい気持ちになってこちらに好印象を持つし、こちらもときには知らなかったことを知ることもできます。こちらから聞くことで世界が広がり、何より場が楽しいものになります。

価値観や世代が違うと話が合わないというのは、相手が悪いのではなく、こちらに相手の話を引き出すだけの力がないことだというのがたけしの指摘です。

WORDS OF TAKESHI BEAT

57

他人への気遣いを大切にしろ

作法の究極は気遣いだけど、その気遣いは、
作法の型を繰り返して体に叩き込むことで、
自然に身につくというわけだ。

▼『全思考』

「鬼のマナー講師」と呼ばれる人がいます。お笑いタレントなどの食事の仕方などに対して、マナー違反を厳しく指摘する姿がなぜか人気を呼び、テレビやユーチューブなどで見ることが増えています。

マナーを知ったうえで崩すのならともかく、元からマナーを知らない人が増えているという理由もあるのでしょう。

ビートたけしは、かつて「たけし軍団」と呼ばれる40人近い若いお笑い芸人を弟子というか付き人のようにして抱えていたことがありますが、それぞれ生まれも育ちも違うだけに、中には作法をほとんど知らない人もいたといいます。

たけしによると、本来、作法というのは他人への気遣いなだけに、たとえ作法は知らなくとも、他人への気遣いができていれば、作法を大きく外すことはありません。

一方、他人への気遣いができない人に気遣いを教えるのは難しいといいます。では、どうするかというと、そういう人には「気遣い」より「作法」という型を教えます。そうやって作法を身体に覚え込ませるにつれて、他人への気遣いができるようになるというのです。作法というと堅苦しく感じますが、作法には他人への気遣いを育てる力もあるのです。

WORDS OF TAKESHI BEAT

58

シルバーシートなんてなくていい

公共の乗り物なんてものは、
全部の席がシルバーシートに決まっている。

▼『全思考』

ビートたけしは、ツービート時代には漫才の中で、しばしばお年寄りの悪口を言ってネタにしていましたが、一方で、電車の中に設けられたシルバーシートに関しては、「電車にシルバーシートがあるのはおかしい」と言っています。

日本でシルバーシートが誕生したのは1973年の敬老の日です。東京のJR中央線の電車などに設けられたのが最初と言われていますが、たけしは「端っこだけ年寄りに席を譲りましょうなんておかしくないか。電車の席は全部シルバーシートのはずだよ」という疑問を口にしています。

たけしによると、お年寄りがいたら、若い人は席を立つのが当たり前で、お年寄りに限らず、辛そうに立っている人がいれば、シルバーシートがあろうがなかろうが、人は席を立って譲るべきなのです。ところが、シルバーシートがあるがために、お年寄りや体に障害のある人はシルバーシートの方へ行けとなり、そこに行ったら行ったで、座っている人などは寝たふり。これでは、「作法」も何もないというのがたけしの言い分です。

「公共の乗り物は、全部がシルバーシート」こそが、理想というか、ごく当たり前の姿なのです。

WORDS OF TAKESHI BEAT 59

命を数字で語るな 一人の人生がそこにはある

人の命は、2万分の1でも8万分の1でもない。
そうじゃなくて、そこには
「1人が死んだ事件が2万件あった」ってこと
なんだよ。

▼『ヒンシュクの達人』

第二次世界大戦中、下士官が上官に「死者はわずか2名です」と報告したところ、「わずか2名とはなんだ。一人ひとりに家族も親戚もいる」と、上官がたしなめたという話があります。これは、数字ではなく、1人の人間の人生に思いを馳《は》せる大切さを教えてくれる言葉です。

2011年の東日本大震災では1万5900人もの人が亡くなっています。2023年のトルコ・シリア地震では5万人以上の人が亡くなったとみられています。こうした「数字」ばかりが躍る報道に対して、ビートたけしは「死者への冒涜《ぼうとく》」と話しています。たけしによると、たとえば、大きな地震災害による死者が、2万人だとしても、一人の命は「2万分の1」ではなく、「一人が死んだ事件が2万件あった」というのが、本当だといいます。

個人にとっては、「何万人死んだ」という数字よりも、「自分の身内が1人亡くなった」方が辛く悲しいことなのです。そう考えれば、大切な人を亡くした人の悲しみも理解できるはずです。

こうした悲しみを乗り越えて、これから立ち上がろうというときに、もしかしたら「笑い」が役立つかもしれないと、たけしは考えるのです。

WORDS OF TAKESHI BEAT 60

人は面と向かわないと伝えきれないものがある

メールどころか、面と向かってどれだけ話したって、わかり合えないことがあるのが人間なのだ。

▼『全思考』

あるユーチューバーが、動画で迷惑をかけた相手に電話で謝罪したと言って、電話ですませるのかと炎上したことがあります。誠意を示すのなら、訪問して直接謝罪するのが筋だろうという意見が大半でしたが、SNSに慣れた若者にとっては、「電話をかける」ことすら勇気が必要だという意見もありました。

たいていのことがメールやラインで済ませられる時代、たしかに電話に不慣れな人も増えていますし、ましてや「直接会って話す」などとんでもないという人が少なくないのも事実です。

一方、ビートたけしは、メールの便利さは認めながらも「自分の思いも、相手の感情も、メールじゃ十分に伝わらない。メールにメールを重ねても、その隙間は埋められない」と考えています。理系らしく、「人間の感情は、0と1の二進法に変換するには複雑すぎる」とも話しています。

メールで伝わらないなら、会って話をすればいいし、腹が立っているのなら、会って喧嘩をすればいい。好きなら、直接会って手を握ればいい。しかし、それでもわかり合えないのが人間というもので、だからこそ、人はお互いをわかろうと懸命に努力をすることが必要なのです。

WORDS OF TAKESHI BEAT 61

力を借りたいなら意見を求めよう

（スタッフは）意見を求められれば、一所懸命考えて働いてくれる。だから手抜きなんか絶対にしない。スタッフの能力を引き出すには、これがいちばんだ。

▼『全思考』

映画監督のタイプは多種多様です。黒澤明は「黒澤天皇」と呼ばれたし、深作《ふかさく》欣二《きんじ》は現場では怒鳴りまくり、酒を飲んではは無茶を言うため、1本映画を撮り終わると、スタッフは「もうこの人とは仕事しない」と思うものの、再び声をかけられると駆けつけてしまう、ビートたけしが言うところの「性悪女《しょうわるおんな》」タイプです。

では、監督としてのたけしはどうかというと、「介護老人タイプ」だと話しています。放っておくと何をするかわからないため、みんなが世話を焼いてくれるというのです。たけしのスタッフの能力を引き出す基本は「スタッフに聞く」ことです。知っていても知らないふりをして「こういうのはどうやって撮ればいい」と聞けば、「じゃあ、こう撮りましょう」とアイデアを出してくれます。自分たちが言った以上、たとえかなり難しい撮り方でも、何とかやり遂げてくれるのです。

最終的には自分で決めるとしても、もっといい意見が出るのではと、まずはスタッフに質問します。そうすれば、映画が大好きなスタッフたちは真剣に考えるし、良いアイデアも出ます。うまくいくように一所懸命に動いてもくれます。「意見を求める」ことこそが、たけしのスタッフの能力を引き出すための最高の策なのです。

WORDS OF TAKESHI BEAT

第六章

親のあり方、子のあり方

WORDS OF TAKESHI BEAT 62

苦労してこそ学べるものがある

昔の親は、苦労が子どものためになることを知っていた。今の親は、子どもに苦労だけはさせたくないと思っている。

▼『超思考』

ビートたけしは、戦後の東京の下町生まれでした。たけしの母親の頭にあったのは、工業によって成長する近代日本の姿でした。そのせいか、母親のたけしに抱く理想は、2人の兄と同じように、大学は文科系ではなく理科系に進み、一流企業のエンジニアになれ、というものでした。母親には、文科系に行けば、共産主義にかぶれ、学生運動にのめり込み、ロクなものにならないという確固たる考えがあったようです。世の中が貧しかっただけに、子どもが自分の意志でやりたいことを見つけ、やりたい仕事に就くのは難しい時代でした。親の前で夢を語ったとしても、「そんな夢物語にかぶれてないで勉強しろ」と言われました。

子どもにとっても苦労の多い時代でしたが、「若いときの苦労は買ってでもしろ」という諺《ことわざ》があるように、苦労はたしかに人を成長させるものです。昔の親のように、苦労は子どものためになると考えるか、今の親のように、子どもには苦労させたくないと思うかは賛否のあるところですが、世の中に楽して稼げる仕事はなく、苦労をしてこそ仕事の本当の面白さを知ることができるのだというのは、昔も今も変わらないと、たけしは言うのです。

WORDS OF TAKESHI BEAT 63

子どもの物事を見極める力を侮《あなど》るな

教師や指導者のゲンコツが、教育のためなのか、それとも単なる暴力なのか。それを本質的に見極める能力を、子どもたちは持ってる。

▼『「さみしさ」の研究』

ビートたけしは、今の教育現場ではご法度《はっと》とされる体罰について、「個人的な意見としてはアリ」だと話しています。ただし、それには条件があります。

体罰というのは、大人の気持ち次第で、ときに「単なる暴力」になったり、「ただの腹いせ」になり、教師や指導者のゲンコツが「教育」か「暴力」かを見極める力が子どもにはあると考えています。そこにはたけし自身の経験があります。

小学校2年生から6年生までの担任だった先生は、短大を卒業したばかりでしたが、とても怖かったといいます。たけしがいたずらなどをすると、「次やったらタダじゃおかねえぞ」とボコボコにするし、校内の水泳大会やリレーで負けると、死ぬほど練習させられました。スパルタで怖かったものの、先生との思い出は楽しく、70代になってからも「先生に会いたい」と思い、一緒に食事をしたこともあるというから感心します。

一方、暴力は振るわなくても、露骨に無視するなど、精神的なイジメを受けた先生のことは今も忘れないといいます。

今の時代、暴力が肯定されることはありませんが、子どもへの愛情のない指導は、すべて「イジメ」であり、「言葉の暴力」なのです。

WORDS OF TAKESHI BEAT 64

負けた経験が立ち上がる強さになる

負けた奴がかわいそうだって救済することばかりやってたら、大人になってもっと悲しいことにぶつかったときにどうすんの。全然耐えられない人間になっちゃうぜ。

▼『日本人改造論』

「スクール・コンプライアンス」という言葉があります。運動会の徒競走で全員が手をつないで同時にゴールするとか、徒競走と言いつつ順位をつけずに、全員ががんばったと讃えるのは、足が遅い子どもが恥ずかしい思いをしないための配慮です。こうした配慮について「やりすぎでは」という疑問を口にする人は少なくありませんが、ビートたけしも「負けた奴がかわいそうだ」と救済することばかりしていたら、大人になってかえって悲しみに耐えられなくなると懸念しています。

たけしは、ツービート時代に漫才師の登竜門と言われるコンテストに3年連続で落ちたことがありました。劇場での人気もあり、「きっと優勝するよ」と言われていたにもかかわらず、毎回、三位入賞すらありませんでした。これにはたけしもかなりこたえたようで、「一所懸命やって、また落とされるとね、絶望しますからね、わりかし」と振り返っています。

しかし、それでも耐えられたのは、子どものときからいろいろな大会などに出ては絶望的に負けた経験があったからでした。失敗することや負けることはとても辛いことですが、そうした経験があるからこそ、人は挫折しても再び立ち上がることができるのです。

WORDS OF TAKESHI BEAT 65

人間関係の根底には「礼儀正しさ」が欠かせない

子どものためを思うなら、
人の世で生きるための礼儀を躾《しつ》けるべきだ。

▼『超思考』

ビートたけしの弟子に対するスタンスは、「礼儀だけはしっかり守れ。あとは何をやってもいいよ」というものでした。

たけしによると、漫才は教えることができないし、新しいお笑いを次々と考えなければいけない芸なので、師匠のコピーをしていても意味はありません。その代わりに教え込んだのが、「人の世で生きるための礼儀」でした。

たけしは、自分が誰かと話していたら、「その人は全部お前らの師匠だと思ってくれ」、相手が年上の人なら、売れているかどうかに関係なく「俺よりも偉い人だと思ってくれ」、テレビや映画の現場では、下の地位にあたるAD(アシスタントディレクター)に対しても「きちんと敬語で話して、名前には『さん』を付けて呼んでくれ」と言いました。

たけしが、こうした礼儀にこだわったのは、人間の仕事は人間関係の中で行うものであり、一緒に働く人たちを大切に思い、その人たちからも信頼される人間であるためには、根底に「礼儀正しさ」がなければならないと考えていたからです。そして、礼儀は芸能界に限らず、これから世の中に出ていく子どもたちにこそ、武器として身につけさせるべきだと、たけしは確信していたのです。

WORDS OF TAKESHI BEAT 66

物わかりのいい父親より厄介な父親であれ

父親は子どもが最初に出会う、人生の邪魔者でいい。子どもに嫌われることを、父親は恐れちゃいけない。

▼『全思考』

ビートたけしは子どもの頃、「なんで、ウチの父ちゃんは会社勤めじゃないんだろう」と、いつも思っていたといいます。父はペンキ屋で、家が貧しいうえに、毎晩酒を飲んで帰るため、「家族団欒《だんらん》」は望めないどころか、酒に酔った父親が帰ってくると厄介なため、父親が帰ってくる前に食事を済ませ、さっさと寝てしまうことさえありました。母親に言われて、居酒屋で飲んでいる父親を迎えに行かされることもありました。

子どもたちに勉強をさせたのは母親で、父親は夜遅くまで本を読む兄に、「電気代がもったいない」と言うこともあったほどですから、今どきの教育熱心な父親とは真逆な存在です。子どもから見れば、何とも厄介な存在ですが、たけしは父親というのはそれでいいとも考えています。「子どもの気持ちなんて、そんなものは、大人なら誰だってわかってる。わかってはいても、駄目なものは駄目なんだと、父親が教えてやらなきゃいけない」

父親は、「物わかりのいい存在」より、「人生の邪魔者」くらいがちょうどいい。大変な世の中で生きていく子どものためには、厄介な存在を乗り越えていく、そんな経験も必要だというのが、たけしの親心です。

WORDS OF TAKESHI BEAT

67

子には子の人生があり、親にも親の人生がある

子どもがダメになるかならないかは、あるところまでいったら子どもの責任だよ。

▼『日本人改造論』

有名タレントの子どもが問題を起こしたとき、タレントの親が会見を開いて謝罪することがあります。責任を感じてCMや番組を降板することもありますが、子どもの年齢を聞いて、「『子ども』と言うには無理があるだろう」と感じることもしばしばです。もちろん、いくつになっても「子どもは子ども、親は親」という考え方もありますが、20代、30代の子どもがやったことの責任を親が負うのかどうかは難しいところです。ビートたけしにも子どもがいるだけに、「もし子どもが悪くなって、人様に迷惑をかけたときに、親としてどう覚悟するのか」について考えていました。たけしは言います。「子どもがダメになるかならないかは、あるところまでいったら子どもの責任だよ。良いほう選ぶか悪いほう選ぶかは子どもの自由。子どもを自分のもんだと思っちゃいけないんだ、親は」

子どもが悪くなったり、変になったときの対応が怖いがために、いいことしかやってはいけないと押し付けすぎると、逆に子どもは爆発します。子どもの人生は子どものものだけに、親は自分のために生きればよく、その親を見て、子どもも自分のために生きるようになる、というのがたけしの見方です。

WORDS OF TAKESHI BEAT

第七章

お金との向き合い方

WORDS OF TAKESHI BEAT

68

ささやかな幸せに喜びを見出す

貧乏っていうのは、なにかと辛いけど、
ささやかな幸せがあれば、
人間生きていけるんだとも思った。

▼『弔辞』

ビートたけしの少年時代は、小説やドラマでも描かれているように、決して豊かな暮らしではありませんでした。ペンキ屋の父親の仕事は安定しないうえ、酒も好きで、家計は内食の母親や年長の兄が支えていました。会社勤めの家庭の子を見ながら、「なんで、うちの父ちゃんは会社員じゃないんだろう」と、いつも思っていたといいますが、「勉強しろ」と口うるさく言う母親の目を盗んでは、近所の友だちと野球を楽しんでいました。

たけしは、「年がら年中、金はなかった」と言いますが、それでもそんな北野家のことを「貧乏だったけど、不幸ではなかった」と振り返っています。理由は、お金はなくとも空き地で友だちと野球を楽しめ、当時としては珍しかったテレビが家にたまたまあって、長嶋茂雄の活躍を見ることができ、肉の入っていないコロッケばかりでも、家族で食事をすることができたからです。たけしは言います。

「貧乏っていうのは、なにかと辛いけど、明日何かいいことがあるかなと思いながらぐっすり寝て、そんなささやかな幸せがあれば、人間生きていけるんだとも思った」

人間の幸せとは、案外そういうものなのかもしれません。

WORDS OF TAKESHI BEAT

69

世の中は不平等に見えて意外と平等だ

人間、死ぬことは選べても、生きることは選べないっていうのも平等。

▼『弔辞』

テレビの売れっ子芸人になったある日、浅草で飲んでいたビートたけしは、同じ店の中で気持ちよさそうに飲んでいる土木作業員の親方を見て、「ひょっとしたら、売れてる今の俺よりも、このオヤジの方が幸せなんじゃないかな」と考え込んだことがあるといいます。当時、たけしはすでに人気もあり、お金もあり、高くていい酒が飲めるし、女性にも不自由していませんでした。売れない芸人だった頃に比べれば、はるかに幸せだったはずです。一方、一仕事終えたらしい土木作業員の親方は、安い酎ハイを飲み、隣にいる年増《としま》の女性ととても楽しそうにしていました。たけしは考えます。いくら高くていい酒でも、毎日飲んでいれば飽きてきます。反対に、我慢した後の酒は、安い酒でもおいしいはずです。「人間、うまくできてるもんだなあ。そうじゃなきゃ、人間不平等だもんな」がたけしの思いでした。

後年、こうも考えます。アップルの創業者スティーブ・ジョブズはコンピュータの世界に革命を起こし大成功をおさめますが、56歳で亡くなっています。どんな貧乏人も、どんな金持ちも死を避けられません。世の中は不平等に見えても、意外に平等にできてるんじゃないか、がたけしの考え方です。

WORDS OF TAKESHI BEAT 70

お金に執着する人になるな

貧乏にもいろいろある。他と比べるようにして、相対的に「俺んちは貧乏だから」なんて言っている分にはいいんだ。「だからどうした。俺は俺」ぐらいに思っていればいい。

▼『バカ論』

人は、同じような境遇に生まれたからといって、同じような生き方をするわけではありません。ビートたけしは、自らの半生を描いた本などで、自分のことを「貧しいペンキ屋の三男坊」と書いているように、貧しい子ども時代を過ごしていますが、貧しさをバネにして金持ちになるぞ、とも思わなかったし、稼ぐようになってからもお金に執着することはありませんでした。

貧乏な家に生まれたことはどうしようもないことですから、「貧乏人だからどうしたってんだ」「ペンキ屋の息子で何が悪い」と、貧乏を認めて開き直っていたのがたけしです。たけしによると、貧乏にもいろいろあり、「他と比べるようにして、相対的に『俺んちは貧乏だから』なんて言っている分にはいいんだ。『だからどうした。俺は俺』ぐらいに思っていればいい」のですが、中には「骨の髄まで貧乏が沁み込んで」、たくさんのお金を稼ぐようになっても、やたらとお金に執着するようになると厄介です。

貧乏をバネにお金儲けに励むのは悪いことではありませんが、「自分は自分」と自分をしっかり持ち、お金に執着しすぎないことも大切だというのがたけしの考え方です。

WORDS OF TAKESHI BEAT

71

金の貸し借りは人間関係を壊すもと

誰かに金を貸すぐらいだったら、あげた方がいいと思っている。

▼『バカ論』

「有名になると、途端に親戚が増える」というのはよく言われることですが、親戚だけでなく、知人・友人も一気に増えて、近づいてくるのはたしかなようです。

ビートたけしが漫才で売れ始めると、「ご多分に漏れず友達が寄って来た」といいます。その中に「たけちゃん、200万ばかり貸してよ」と、お金の無心をする人がいました。しかし、「金は貸さない」を昔から守っているたけしは「ダメ、貸さない」の一点張りでした。

当然、相手は「おい、冷たいじゃないか。昔、一緒にやった仲だろう」と食い下がります。そんな相手にたけしが言ったのは、「ここに50万あるからあげるよ。でも貸せないから」でした。

仮に200万円を貸して借用書をつくったとしても、返せなければ相手は引け目を感じ、やがてたけしの前から姿を消すことになります。実際、過去にお金を貸した人はほとんど姿を見せなくなったといいます。そして、たけし自身貸したことがずっと心に残るのが嫌で、「誰かに金を貸すぐらいだったら、あげた方がいい」と考えていたのです。

人間関係にとって、お金の貸し借りほど厄介なものはないのです。

WORDS OF TAKESHI BEAT

72

貧乏との緩やかな共存は厄介だ

貧乏っていうのも、昔と今とではちょっと違う。

▼『弔辞』

今という時代は、一見、みんなが満たされているように見えても、実は貧困に苦しむ人も少なくありません。ビートたけしも貧乏な子ども時代を過ごしていますが、当時と今とでは、同じ貧乏でも「ちょっと違う」と考えています。

たけしの子ども時代にも、もちろんお金持ちもいるにはいましたが、コミュニティ全体が貧乏で、貧乏にあまり気づいていませんでした。そのため、日々分相応に暮らす一方で、日本が国として成長していたこともあり、「上がある、上がある」と、上を見ながら、「いつか抜け出してやる」という気持ちが生まれやすかった時代でした。そして、そのエネルギーが社会全体の活力につながっていったと言うことができます。

しかし、今の二極化がはっきりした時代は、自分が貧乏であることは自覚しているものの、日本自体が停滞していることもあり、「そこで納得してしまって、現状維持に甘んじている」と言うか、「上がる」ことを諦《あきら》めているところがあるのではないか、とたけしは言います。こうした、貧しければ貧しいなりに生きていく、「貧乏との緩やかな共存」からは、なかなか抜け出せないだろうというのがたけしの思いです。

WORDS OF TAKESHI BEAT 73

食べたいときに食べられる程度の金があればいい

アブク銭をつかんで使ってみても、結局なにもないということを確認するだけさ。

▼『真説「たけし!」オレの毒ガス半生記』

世界有数の資産家となった起業家は、若い頃から派手な生活をしていましたが、ある時期を境に、お金がすべてではないことに気づきます。人によっては、「贅《ぜい》沢《たく》をし尽くしたから言えることだろう」と皮肉を言いたくなるかもしれませんが、ビートたけしも「アブク銭をつかんで使ってみても、結局なにもないということを確認するだけさ」と、似たような感想を口にしています。

たけし自身、テレビで圧倒的な人気を博し、大金を稼ぐようになったことで、憧《あこが》れのポルシェを買うといった「金持ちの生活」も経験していますが、心の底にはいつも母親の教えがありました。たけしは、子どもの頃から母親に「お金って思っていうのは、あれば何でもできるって思ってしまうし、だけど、そのしっぺ返しはすさまじい」と教えられてきたことで、金勘定は妻に任せて、本人は「食べたいときに食べたい程度の金があればいい」と、お金に対して恬淡《てんたん》としたところがあります。

「歳を取ったとき、食いたいものが食えるぐらいのお金」は用意しておきたいとは思うものの、それ以上にお金に執着することはない、というのがたけしの金銭観です。

WORDS OF TAKESHI BEAT 74

「運の使い場所」を間違えるな

ギャンブルで運を使ってセコい金を掴《つか》むならば、やっぱりおいらは芸事でアタリを掴みたい。

▼『バカ論』

お笑い芸人の中には、ギャンブルが大好きで、何百万、何千万の借金を抱えても一向にやめようとしない人もいれば、ユーチューブなどで勝って大金を手にしたことを誇らしげに話す人もいます。

ビートたけしは、これまでたくさんの遊びを経験していますが、「おいらはギャンブルも一切しない」と話しています。理由は、ギャンブルをやれば、当然勝とうとします。勝ちたいからムキになり、競馬中継などを見ながら、自分が賭けた馬がゴール前で競っているのを見て、「まくれ！勝て！」と声を張り上げることになります。ところが、その瞬間にパッと我に返って、「負けてもいいや」と思うというのです。そしてこう考えます。「もしここでアタリを掴んだら、芸事でもアタリを持ってこれるんだろうか」

人生の「運の総量」に限界があるのか、天井知らずなのかはわからないけれども、ギャンブルでアタリを出すよりも、芸事でアタリを出したいというのがたけしの選択です。たしかにたけしに限らず、芸事やビジネスで成功している人の中には、ギャンブルはやってもあえて負けていいと考える人も少なくありません。「運は芸のためにとっておく」というのがたけしの流儀なのです。

WORDS OF TAKESHI BEAT

第八章

老いるとは

WORDS OF TAKESHI BEAT

75

やりたいことはいますぐやろう

仕事をリタイアして、慌《あわ》てて「生涯学習」を始めても、もう手遅れなんだ。勉強でも趣味でも、会社でバリバリ働いているうちに始めないとダメ。

▼『バカ論』

「人生100年時代」に、「老後をどう生きるか」は、誰にとっても切実なテーマとなっています。特に、これまで会社人間として生きていた人にとってはなかなか厄介で、65歳で定年になり、仕事をやめたとして、100年ともなれば、「あと35年」もあることになります。

では、その35年をどう過ごすかですが、「慌ててカルチャーセンターやなんかに通って、『生涯学習』を始めても、もう手遅れなんだ」というのが、ビートたけしの指摘です。たしかに、勉強でも、趣味でも、人間関係づくりでも、「定年になってから」と、先延ばししているうちに始める機会を逃し、「さあ、やろう」というときには気力や体力が衰え、一緒に楽しむ仲間もいないということになりかねません。

その意味では、たけしの言う「釣りでも、ゴルフでも、会社員の頃から、仕事サボって、女房を質に入れるぐらいの覚悟でやらないと」は、言い方はともかく、正論と言えます。と同時に、歳をとると親しい人も少なくなっていくだけに、「独りで暮らす」ことへの恐れを克服することも大切になるのです。人間は一人で生まれ、一人で死んでいくというのが、たけしの考え方でした。

WORDS OF TAKESHI BEAT

76

老いる自分を受け入れ いかに生きるかを考える

自分の喋《しゃべ》りの瞬発力が落ちたと感じたら、すぐに、「次の生きる道」を考えようと思った。

▼『「さみしさ」の研究』

「老いと戦っても、勝ち目はない」と、ビートたけしは言います。老い方というのは人それぞれで、「何年何月からあなたは老います」と言えるものではありませんが、老いが確実に忍び寄ってくるというのは変えようのない事実です。

たけしのツービート時代の漫才は、圧倒的な喋りのスピードと、矢継ぎ早に繰り出される毒舌が魅力でしたが、そのためには喋りの瞬発力や反射神経がものをいいます。たけしは、年齢的なものもあり、喋りの瞬発力が落ちてきたと感じたことで漫才をスッパリとやめ、「次の生きる道」を探りました。そこから誕生したのが、『風雲！たけし城』や『天才・たけしの元気が出るテレビ!!』などの大ヒット番組ですが、その企画・構成を自分ですることや、お笑いとはかけ離れた役を演じる役者への挑戦を始めたのでした。

もちろん、人気者だっただけに漫才を続けるという選択肢もあったわけですが、たけしは何とかごまかしながら漫才を続けるのではなく、「次の自分」を徹底的に考え抜くことで、自分を生かす道を見つけることができたのです。人は、年齢とともに変化していくものだけに、老いを受け入れつつ、いかに次の道でどう生きるか、を考えることが大切なのです。

WORDS OF TAKESHI BEAT 77

いくつになっても「今の自分」を好きでいたい

いつも現在が人生の絶頂期だ。こう考えりゃ、老いるのなんてまったく苦にならない。

▼『「さみしさ」の研究』

ビートたけしの人生は、いくつかのステージに分けることができます。下町での子ども時代から浅草での芸人としての修業時代を経て、漫才ブームを牽引したツービート時代、そして数々の大ヒットバラエティ番組を企画し、自ら出演していた時代、凶悪犯罪者や『戦場のメリークリスマス』での鬼軍曹を演じるなどした役者時代、そして映画監督の時代と、いくつものステージを経験しています。

もちろん、その間もバラエティ番組や情報番組などにもたくさん出演しているだけに、きちんと区切ることができるわけではありませんが、はっきりしているのは、いつの時代も、たけしは素晴らしい成果を上げ、かつ、いつも人気タレントであり続けているということです。たけしは言います。

「漫才で売れて以降は、いつも『今の自分』が一番好きだだ」

世の中には過去を懐かしみ、「昔は良かった」と言う人が少なくありませんが、たけしにとっては「いつも現在が人生の絶頂期」です。

できなくなったことを嘆くのではなく、今できることに最善を尽くします。それができれば、「今の自分」を好きでいられるのです。

WORDS OF TAKESHI BEAT 78

老後は好きなように生きればよい

世間が押し付ける「充実した老後」なんてものに縛《しば》られる必要はない。

▼『「さみしさ」の研究』

「人生100年時代」と言われ、定年を過ぎても働く人が増えていますし、いくつになっても年齢を感じさせない若さを保って、仕事や旅行や趣味に活動的に動き回る高齢者が増えています。そこには、いつまでも社会に関わっていたいし、誰かの役に立ちたいという思いがあります。

それ自体は素晴らしいことですが、みんながみんな「世間が押し付ける『充実した老後』に縛られる必要はないというのがたけしのアドバイスです。「趣味を持て」と言われても、若い頃からやっていた趣味ならともかく、定年になって急に何かを始めたとして、急にうまくいくわけではありません。「働けるうちは働こう」と言われても、自分に向かない仕事や、気の進まない仕事を続けるのは大変です。たけしは言います。

「何かやりたいことがあるヤツは残った時間をそこにガンガン費《つい》やせばいいし、特にやりたいことがなけりゃ、ただボーッと暮らしたっていい」

周りの目を気にするあまり、「充実した老後」を無理に追いかける必要などありません。たけしが言うように、それまで一所懸命に生きてきたのなら、老後は自分の好きなように生きればいいのです。

WORDS OF TAKESHI BEAT 79

「死んでから」では遅すぎる

テレビにしろ、世の中ってのは、死んでから持ち上げるじゃない。「じゃあ、生きてる間にもっと応援してやれよ」ってツッコミたくなる。

▼『ヒンシュクの達人』

ニュースなどでしばしば目にするのが、廃線の決まった鉄道の駅に大勢の人が訪れ、最後の電車が出発するのを名残惜しそうに見送る姿です。また、地方の名門百貨店が閉店に追い込まれ、最後の日に店員の人たちがお辞儀をするシーンもよく見かけます。

こうした、駅や百貨店などに押しかける人たちは、口々に懐かしさや思い出を口にしますが、ビートたけしが言うように、それほどの強い思い入れがあるのなら、なぜもっと電車に乗ってあげなかったのか、なぜもっと買い物をしてあげなかったのかという疑問が湧きます。

たけしによると、年齢的にもいろんな人の訃報《ふほう》に触れることが増え、その都度、テレビなどでその人たちの生前の芸を見ると、やはり面白いし、「懐かしい味がある」と言います。とはいえ、こうした映像を見ることができるのは、その人たちが「亡くなったから」であり、人気が衰えてからはほとんど見る機会はなかったというのが本当のところです。

難しいことですが、死んでから「いい人だ」「天才だった」と持ち上げるのではなく、生きている間にもっと応援してほしかったというのがたけしの思いですし、そう感じる人も少なくないはずです。

WORDS OF TAKESHI BEAT

80

歳を取れば取るほど「内面」がものをいう

老人中心の時代が進めば進むほど「内面を鍛える」ってのが大事になってくる。

▼『「さみしさ」の研究』

『ビートたけしのTVタックル』で長年コンビを組む阿川佐和子が、2017年に、63歳で年上男性と結婚をしたとき、たけしは、結婚発表前に2人と食事をして、「お似合いだな」と思ったといいます。理由は、2人とも気さくで博学で、会話がドンドン盛り上がったからです。そんな2人を見ながら、たけしはこう考えます。

「歳取ってからモテたいと思うなら、痩《や》せようとか、アンチエイジングなんてものに必死になるより、本を読んだり、映画を観たり、芸術に触れたりして、『話せる人』になるほうがよっぽど有意義だ」

たけしによると、歳を取ってからは、「一緒に酒飲んで楽しい」ことが一番だし、歳を取ってから付き合うのなら、「話していて楽しい」ことが最高です。もちろん、外見などはどうでもいいというわけではありませんし、健康であることが前提なのですが、老人中心の時代には、外見以上に内面を鍛えることこそが大切になります。外見を鍛えるには限界がありますが、学び、考えることに限界はありません。

自分が知らないことを知りたいと思う、そんな好奇心こそが、「心の若さ」を保つ秘訣《ひけつ》なのです。

「ビートたけし」参考文献

『顔面麻痺』ビートたけし著、幻冬舎
『たけしの死ぬための生き方』ビートたけし著、新潮社
『真説「たけし!」　オレの毒ガス半生記』ビートたけし著、講談社
『変なおじさん【完全版】』志村けん著、新潮社
『貧格ニッポン新記録』ビートたけし著、小学館
『全思考』北野武著、幻冬舎
『超思考』北野武著、幻冬舎
『下世話の作法』ビートたけし著、祥伝社
『ヒンシュクの達人』ビートたけし著、小学館
『日本人改造論』ビートたけし著、KADOKAWA
『テレビじゃ言えない』ビートたけし著、小学館
『バカ論』ビートたけし著、新潮社
『「さみしさ」の研究』ビートたけし著、小学館
『フランス座』ビートたけし著、文藝春秋
『芸人と影』ビートたけし著、小学館
『弔辞』ビートたけし著、講談社

桑原　晃弥

くわばら　てるや

1956年、広島県生まれ。経済・経営ジャーナリスト。慶應義塾大学卒。業界紙記者などを経てフリージャーナリストとして独立。トヨタ式の普及で有名な若松義人氏の会社の顧問として、トヨタ式の実践現場や、大野耐一氏直系のトヨタマンを幅広く取材、トヨタ式の書籍やテキストなどの制作を主導した。一方でスティーブ・ジョブズやジェフ・ベゾスなどのIT企業の創業者や、本田宗一郎、松下幸之助など成功した起業家の研究をライフワークとし、人材育成から成功法まで鋭い発信を続けている。著書に『人間関係の悩みを消すアドラーの言葉』『自分を活かし成果を出すドラッカーの言葉』（ともにリベラル社）、『スティーブ・ジョブズ名語録』（PHP研究所）、『トヨタ式「すぐやる人」になれるすごい仕事術』（笠倉出版社）、『ウォーレン・バフェット巨富を生み出す7つの法則』（朝日新聞出版）、『トヨタ式5W1H思考』（KADOKAWA）、『1分間アドラー』（SBクリエイティブ）、『amazonの哲学』（大和文庫）などがある。

イラスト　宮島亜希
デザイン　宮下ヨシヲ（サイフォン グラフィカ）
校正　土井明弘
DTP　22plus-design
編集人　伊藤光恵（リベラル社）
編集　安永敏史（リベラル社）
営業　持丸孝（リベラル社）
制作・営業コーディネーター　仲野進（リベラル社）

編集部　鈴木ひろみ・榊原和雄・尾本卓弥・中村彩
営業部　津村卓・澤順二・津田滋春・廣田修・青木ちはる・竹本健志・坂本鈴佳

信念を貫き、粋な人生を歩め　ビートたけしの言葉

2023年4月22日　初版発行

著　者　桑原　晃弥
発行者　隅田　直樹
発行所　株式会社 リベラル社
〒460-0008　名古屋市中区栄3-7-9　新鏡栄ビル8F
TEL 052-261-9101　FAX 052-261-9134
http://liberalsya.com
発　売　株式会社 星雲社（共同出版社・流通責任出版社）
〒112-0005　東京都文京区水道1-3-30
TEL 03-3868-3275
印刷・製本所　株式会社 シナノパブリッシングプレス

 ISBN978-4-434-31874-0　C0095